U0807550

面部肌肉训练全书

刘 丹/著

江苏凤凰科学技术出版社·南京

图书在版编目（CIP）数据

面部肌肉训练全书 / 刘丹著. — 南京 : 江苏凤凰科学技术出版社，2025.5.（2025.10重印）
— ISBN 978-7-5713-5260-8

Ⅰ. G883.19
中国国家版本馆 CIP 数据核字第2025WG7068号

面部肌肉训练全书

著　　者　刘　丹
统　　筹　安雅宁
插　　图　泥巴哥哥
责任编辑　李莹肖
责任校对　罗章莉
责任设计　蒋佳佳
责任监制　刘文洋

出版发行　江苏凤凰科学技术出版社
出版社地址　南京市湖南路1号A楼，邮编：210009
出版社网址　http://www.pspress.cn
印　　刷　南京新世纪联盟印务有限公司

开　　本　718 mm × 1 000 mm　1/16
印　　张　10.5
字　　数　140 000
版　　次　2025年5月第1版
印　　次　2025年10月第2次印刷

标准书号　ISBN 978-7-5713-5260-8
定　　价　51.00元

图书如有印装质量问题，可随时向我社印务部调换。

你也能拥有
时间偷不走的美丽

亲爱的朋友，当你翻开这本书的这一刻，一段关于美丽与自信的旅程便开始了。过去 10 年，我一直专注于面部肌肉训练的研究，如今将我的经验和心得倾囊相授，希望能为你的美丽与自信增添一份助力。

很多人都不知道，我们脸上有 40 多块肌肉，它们不仅能帮助我们做出各种表情，还在悄悄影响着我们面部的轮廓和皮肤状态。就像身体上的肌肉需要通过训练才能保持紧实一样，面部肌肉也需要训练才能持久紧致。如果它们一直得不到训练，就会渐渐萎缩，渐渐失去支撑力，导致面部脂肪下垂、皮肤松弛。原本紧致的脸颊，仅仅因为面部肌肉“怠工”而塌陷，想想就着实让人惋惜。

幸运的是，如今我们可以通过科学的面部肌肉训练，激活这些“沉睡”的肌肉。当面部肌肉经过长期训练，产生了张力，就能够重新支撑起面部脂肪，减缓胶原蛋白的流失，从而让我们的容颜重归紧致，重现光彩。太阳穴区域凹陷、面颊凹陷、眼窝凹陷等问题，都能通过有针对性的面部肌肉训练得到显著改善。

不过，面部肌肉训练也并非一刀切地解决问题，比如抬头纹、“川”字纹、鼻背纹等恼人的表情纹，就不能再强化面部肌肉了。因为这些皱纹往往是表情肌过于发达导致的，我们需要采取不同的策略——通过松解这些过度紧张的肌肉，干扰、缓解表情纹的加重。

简单来说，面部肌肉训练是一门精准的艺术，不同的面部问题，就有不同的解决方法。

也许你担心这种方法很难坚持？完全不用担心，每天只需利用零碎时间进行简单的练习，就能让改变悄然发生。随着时间推移，你会发现脸部线条逐渐紧致，肌肤更显年轻，气色更加红润，每一个表情都更自信、更迷人。

序言

我深知大家都希望找到自然、有效的方式来保持美丽，所以写了这本书，将我 10 年的实践心得汇集其中。无论你是初次接触，还是已在这条道路上摸索许久，都能在这本书里找到适合自己的方法和建议。

这本书不仅是一部关于面部肌肉训练的实践指南，更是我想献给每一位热爱生活、追求自信与美丽的朋友的一份礼物。让我们携手并肩，用面部肌肉训练对抗岁月的痕迹。或许过程不会一蹴而就，但每一天都能让你离理想中的自己更近一步。

希望你能在这段轻松而终有成效的“面部健身”之旅中，发现更明媚、更有活力的自己，并为那份努力与坚持而感到骄傲。

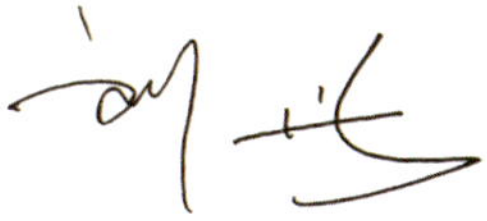

CONTENTS

第一章　面部肌肉训练的变革之旅

第二章　逆龄奇迹：面部肌肉训练的原理

第三章　面部外轮廓肌肉训练

CONTENTS

CONTENTS

FACIAL MUSCLE TRAINING

第一章

面部肌肉训练的变革之旅

第1节 我的美丽蜕变：从初学者到面部肌肉训练专家

2014 年，我怀揣着对美容行业的热情，前往日本学习面部瑜伽，以及当时非常受欢迎的面部拨筋和按压等护理技术。在辛苦的学习过程中，我深刻感受到了日本美容行业对细节与自然的极致追求，惊叹于通过刺激与放松就可以改善面部状态。然而，随着了解的深入，我逐渐发现这些技术虽然能在短时间内带来视觉上的改善，例如，让面部线条变得更为紧致，甚至达到“瞬间提升”的效果，但它们的局限性同样显而易见。

1 拨筋和按压的效果过于短暂

拨筋和按压主要依赖外部力量，是通过短时间内疏通经络、促进血液循环来改善面部状态。然而，这种外力的使用往往缺乏对面部肌肉深层结构的关注，导致效果维持的时间短暂。一两个小时后，面部就会恢复如初。

长期使用这种高强度的按压和拨筋动作，对面部表皮层也会造成不必要的拉扯，从而加速皮肤松弛。更重要的是，这类操作可能对筋膜层造成损伤，而筋膜是连接面部肌肉和皮肤的重要结构，一旦受损就难以恢复，还可能导致面部局部塌陷或不对称。

目前的手段只能达到这种表面化、短期性的调整效果吗？于是我开始反思：是否有一种更科学、更系统的方法，既能避免对表皮和筋膜的潜在损伤，又能实现从内到外的持久改善？

这个疑问，也成为我日后探索面部肌肉训练的起点。

2 健身让我找回了对身体的掌控感

很长一段时间内，我都没有找到以上问题的答案。随之而来的是 2016 年，我的生活发生了巨大变化——怀孕和分娩让我体会到了身体的彻底失控感。当时我体重飙升，身材走样，皮肤变得暗淡无光，甚至一度陷入产后焦虑。每天对着镜子，我感到一种深深的无力感，仿佛自己与过去那个充满活力的人渐行渐远。为了改变这种状态，我开始尝试规律地健身，试图通过行动找回对身体和生活的掌控。

几周后，我惊喜地发现，肌肉训练不仅让我的身体线条逐渐恢复，内心也焕发出一种前所未有的力量感。而这一切也让我再次想起 2014 年那个未解的思考：如果科学的肌肉训练能够带来身体的改变，是否也可以用同样的逻辑作用于面部呢？从这一刻起，我带着这份灵感与疑问，开启了一段漫长的探索旅程。

为了将肌肉训练的科学逻辑更好地应用在面部，我不仅查阅了大量关于面部肌肉和皮肤结构的专业书籍，还虚心向皮肤科医生、运动康复专家以及解剖学教授请教。在理论研究的过程中，我逐渐认识到，面部肌肉不仅直接影响脸部的紧致度与立体感，还与血液循环、皮肤状态以及衰老速度息息相关。

3 我的面部肌肉训练践行之路

然而，仅有理论还远远不够。我意识到，关键在于实践。于是，我开始坚持不懈地在自己身上进行面部肌肉训练。那段时间，我每天都会对着镜子记录面部变化效果，同时反复验证不同的训练方式。从理论到实践，这是份段充满挑战的过程，需要恒心与耐力，但也正是这份坚持不懈的探索，让面部肌肉训练从抽象的概念一步步转化为科学有效的方法。

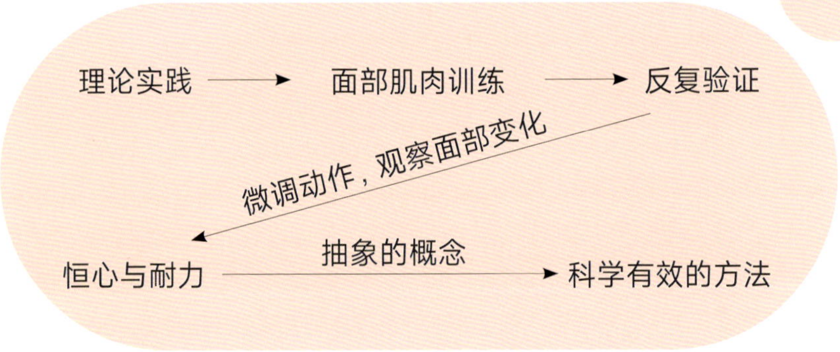

最终，我研发出了一套系统的面部肌肉训练方法。这套方法不仅能够精准激活面部肌肉，帮助塑造更清晰的面部轮廓，还能显著改善肌肤状态，提升整体气质，让人由内而外焕发出自信的光彩。

4 科学的面部肌肉训练推广之路

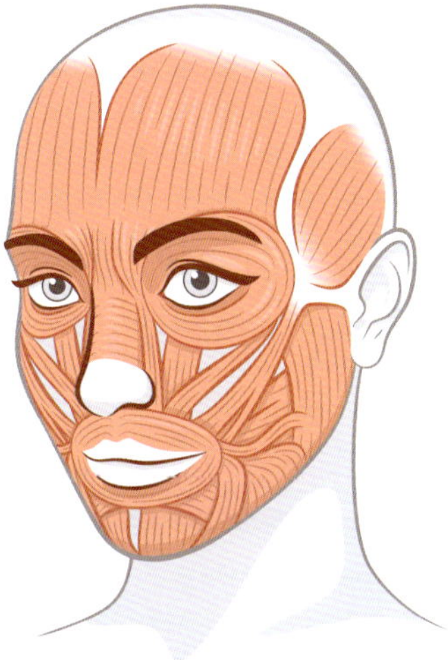

我深刻感受到与早年学习的面部瑜伽相比，科学的面部肌肉训练不仅更加精准，而且效果更为稳定。它让我重新认识到，身体与面部的紧密联系，也让我更加坚信，唯有科学与自然的结合，才能带来真正由内而外的改变。这一过程不仅让我重获自信，更极大地增强了我对人生的掌控感。于是，我决定将这套训练方法推广开来，让更多人从中受益。

2020 年，我开始将自己这些年的面部肌肉训练的心得通过视频的形式分享出来。当时，我并没有什么宏大的愿景，只是希望能帮助一些像我一样经历过皮肤困扰、希望通过自然疗法改善面部状态的女性。刚开始我发布的视频只是一些基础动作的演示和讲解，没想到，发布后一下子引起了很多人的共鸣。慢慢地，来自不同年龄、不同背景的粉丝留言让我感受到这项训练的意义远远超出了我的想象。

我清楚地记得，有位年轻妈妈发私信给我，说自己因为长期熬夜带孩子，法令纹特别明显，整个人显得很疲惫。她跟着我的视频练习了两周后，发现不仅面部状态有了改善，心情也变得更好了。她说：“做这些动作的时候，我觉得终于为自己挤出了一点儿时间，哪怕只有 10 分钟，心里也舒服了很多。”这句话深深触动了我。原来，面部肌肉训练不仅仅是在修复皮肤的状态，更是在为女性争取属于自己的那一份关爱。

练习后发现脸部线条更清晰了！

通过这项练习我找回了久违的自信。

希望通过练习能改善法令纹。

希望可以让凹陷的太阳穴饱满起来！

这样的反馈越来越多，有人说练习后发现面部线条更清晰了；有人说通过这项练习找回了久违的自信；还有人跟我分享，她们在练习时学会了慢下来，拥有了与自己对话的时间。这些真诚的故事让我意识到，这套方法远不只是关于外在的改变，更是一种内在力量的唤醒。通过观察和收集大家的反馈，我意识到每个人的需求都不太一样。有的人希望通过练习改善法令纹，有的人则想让凹陷的太阳穴饱满起来。

这不仅让我更加深入了解面部肌肉的细微差异，也让我对“每个人的美都不一样”有了更深的体会。

到 2024 年，我的面部肌肉训练课程内容已经调整得更加系统。无论是初学者，还是跟练多年的老学员，都能在这套方法中找到适合自己的节奏。通过这些年和大家的互动，我越来越意识到，面部肌肉训练不仅仅是一套改善外貌的方法，更是一种让人重新认识自己的疗愈方式。

我自己就是这套训练方法的最大受益者。作为一个迈过 43 岁门槛的母亲，我的生活同样充满了挑战和忙碌。正是这些简单的锻炼，让我在快节奏的生活中找到了与自己相处的片刻宁静，也让我在面对岁月流逝时更加坦然。这份从容和自信，也是我希望传递给每一位学员的。

每次听到学员们说："谢谢刘丹老师，让我重新喜欢上自己的脸。"我的内心都会充满感动。这不仅是一种职业上的成就感，更是一种女性之间深深的共鸣——我们都在用自己的方式，努力与时间、生活和解。我希望未来能够帮助更多人用这套简单却有效的方法，找到内心的平衡与外在的美丽。

第2节 她们的逆龄奇迹：成功故事分享

近几年，随着面部肌肉训练的普及，我的跟随者越来越多，年龄段各不相同。通过每天的训练打卡，她们纷纷反馈取得了惊人的改善效果。许多高龄女性通过这套训练方法恢复了紧致的面部轮廓，显得比实际年龄年轻许多。她们的故事，不仅展示了身体与面部肌肉的可塑性，更见证了坚持和正确方法带来的逆龄奇迹。

不少学员在我的视频下评论道，原本困扰她们的面部问题，如法令纹、双下巴、眼袋以及松弛的颈部肌肤，在系统的训练下逐渐得到改善，面部肌肉得到了有效的提升和强化。

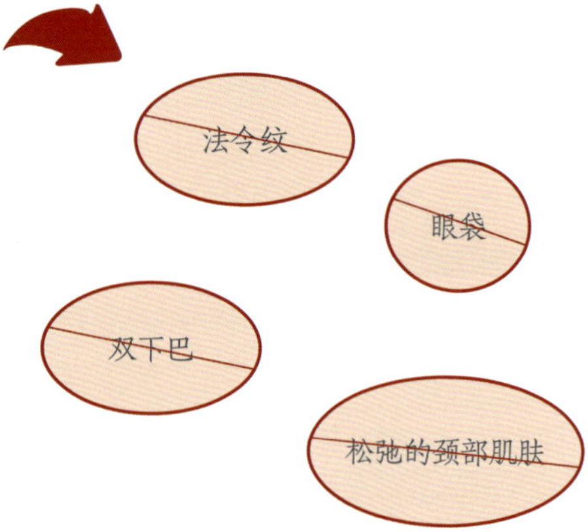

许多人通过每天的训练，发现自己的面部线条变得更加清晰，甚至连长期无法消除的面部浮肿和下垂问题也得到了明显改善。

一位长期坚持训练的粉丝给我留言："朋友都说我看起来年轻了 10 岁，没想到每天的训练效果居然这么明显！"这些反馈让我感到无比欣慰，也更加坚定了我帮助更多女性重拾自信的决心。

通过这些成功案例我们可以看到，无论年龄大小，只要坚持正确的训练方法，任何人都可以看到自己面部的改变。面部肌肉训练不仅会带来外表的年轻感，更让她们在心理上获得了极大的满足与自信。这种积极的心态让她们坚持训练的动力更足，也更加坚定了她们追求健康与美丽的决心。

从接下来的真实案例反馈中，我们可以看到这些女性是如何通过面部肌肉训练实现逆龄奇迹的。她们的经历将向我们展示，只要坚持科学的锻炼方法，明显的面部改善是完全可以实现的。希望通过这些对比案例，你能从中找到适合自己的锻炼方案，激发内在动力，开启属于自己的逆龄之旅。我相信，只要愿意投入时间和精力，任何人都可以通过面部肌肉训练，展现比实际年龄更为年轻、充满活力的面容。

1 前后对比

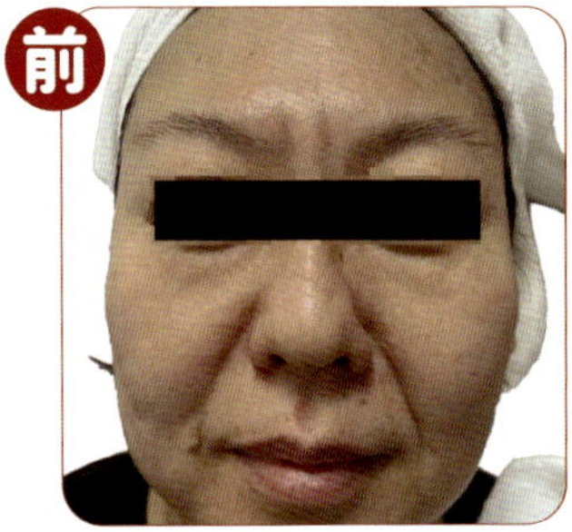

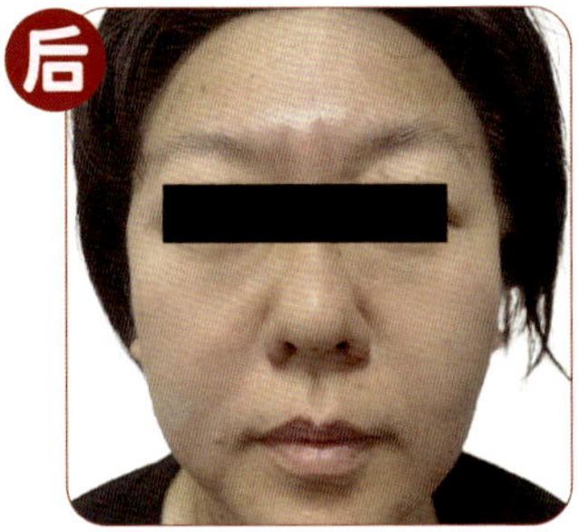

学员分享

困扰问题	训练时间	训练成果
面部有凹凸不平感	2 个月	苹果肌更加饱满、有弹性

这位学员在开始面部肌肉训练之前，面部的凹凸不平感非常明显。她每次照镜子的时候，总是为脸部的松弛和不对称感到烦恼，特别是太阳穴、耳前区域的凹陷和法令纹的深度，令她的脸型看起来缺乏立体感，整体显得苍老了许多。

在跟随我进行系统的面部肌肉训练后，最初她并没有抱太大的期望，只是想着试试看，但她很快就发现了一些微妙的变化。最为明显的是太阳穴的饱满度逐渐恢复了。以前那个凹陷的部位，现在，变得更加平滑和圆润。这不仅让她的面部线条变得更柔和，还让她的五官显得更加立体。

她反馈道："刚开始的时候，太阳穴饱满起来了，我的耳前肌也变得更加紧实。"这是因为在训练的过程中，她的耳前肌被有效激活，原本松弛下垂的肌肉重新焕发了力量和弹性。这一变化让她非常惊喜，因为耳前肌的紧实度对于面部轮廓的提升有着至关重要的作用。

经过两个月的坚持，她的苹果肌上提效果也逐渐显现出来。原本因为松弛而下垂的苹果肌，现在变得较为饱满、富有弹性。她告诉我："我的法令纹淡了，面部整体显得更年轻、更有活力了。"

她深信这是面部肌肉训练原理的科学性带来的效果。通过系统的训练，她成功将法令纹这个最明显的岁月痕迹淡化了，面部轮廓更加紧致，青春感自然呈现。

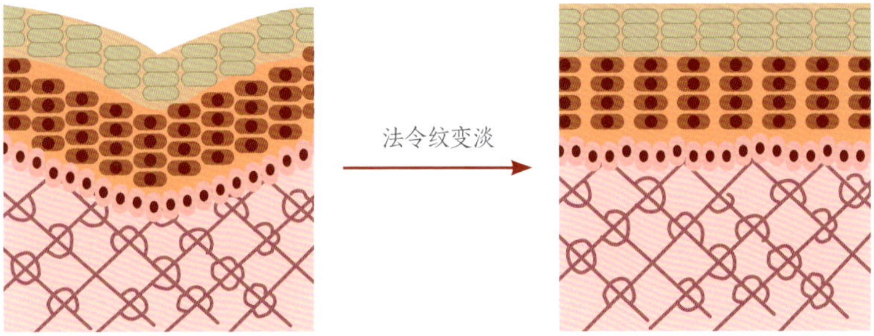

2 前后对比

前

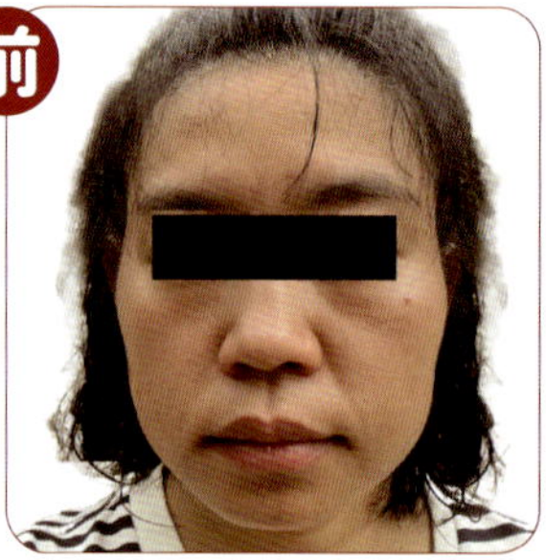

后

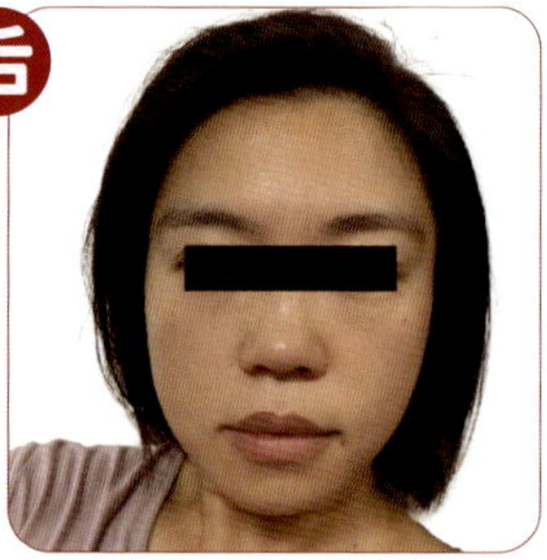

学员分享

困扰问题	训练时间	训练成果
咬肌肥大 太阳穴凹陷 脸部显得有些僵硬	3 个月	脸部柔和 咬肌缩小

这位学员的前后对比照片，清晰展示出她坚持了 3 个月面部肌肉训练的显著成果。起初，她很不满意自己的脸，觉得自己咬肌肥大，太阳穴凹陷，面部显得有些僵硬，整个人看起来疲惫、没有精神。她曾考虑过做医美来解决这些问题，但无论是高昂的费用还是对效果的担忧，都让她迟迟未能付诸行动。幸运的是，在她偶然接触到面部肌肉训练后，她决定试试看，反正也不会有任何副作用。

跟着我系统练习了 3 个月之后，她惊喜地发现，训练带来的改善效果完全超过了她原本的想象。她表示："去医院花几十万也不一定会有的效果，现在通过训练竟然就实现了！我的咬肌变小了很多啊。”面部肌肉训练让她的面容整体显得更加柔和，原本肥大的咬肌也逐渐缩小，面部轮廓变得更加紧致和清晰。

除了咬肌的明显变化，这位学员还特别提到，通过针对性的练习，她的太阳穴肌肉（颞肌）逐渐被“练了起来”，腮肌也更加饱满。这种结合练习让她的脸部比例更加协调，原本瘪陷的太阳穴区域变得宽润，而腮肌饱满的状态则让脸部轮廓看起来更为立体，与咬肌缩小后的柔和感形成完美平衡。这种“太阳穴肌肉变宽、腮肌变饱满、咬肌缩小”的改变，不仅让她的脸部轮廓更有立体感，还意外打造出了许多人追求的“头包脸”效果——精致又自然。

训练前后的照片的对比清楚地反映出她的显著变化，她的气色也更好了，整个人的气质提升了一大截。整张脸看起来不再那么僵硬，而是多了一份自然的美感。

据这位学员的回忆，在 3 个月的训练过程中，随着面部肌肉逐渐被激活，最初感到按压咬肌时的酸痛感也开始减轻。“现在按压时没有那么疼了，我感觉咬肌软了很多。”这不仅表示她的肌肉得到了有效的松解和拉伸，也说明她的面部肌肉的状态在逐步改善，变得更加健康和灵活。面部的血液循环更顺畅，肌肉弹性也更好了。

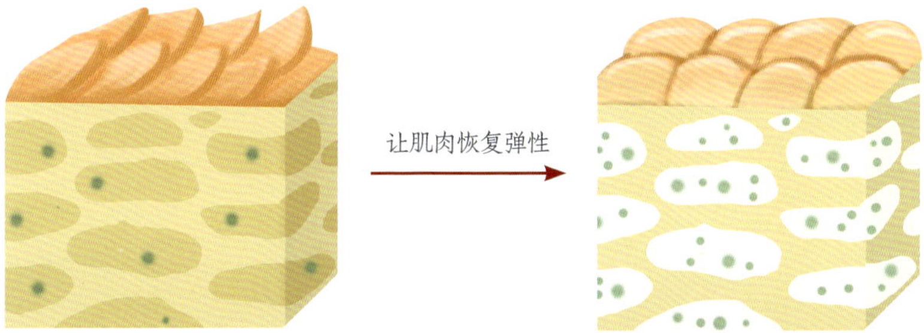

第3节 皮肤科医生：为何推荐面部肌肉训练

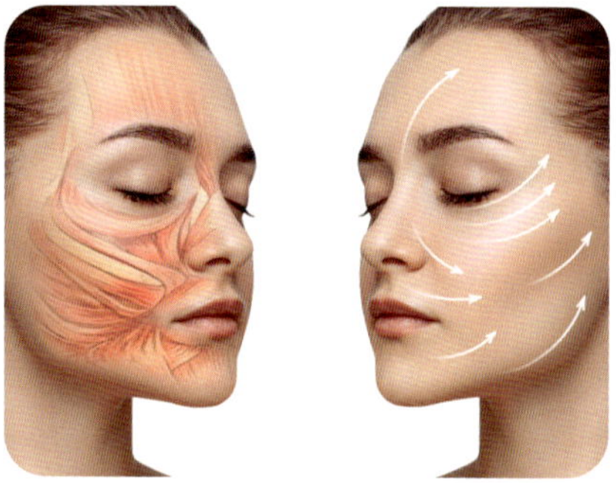

在人们对外貌之美的追求中，越来越多人的关注点从单纯的肤质改善转向面部的整体协调。面部肌肉训练作为一种科学的面部管理方法，可通过精准激活和训练面部肌肉群，帮助优化面部比例，使脸型呈现出更加紧致且匀称的美感。这是一种基于解剖学和肌肉功能原理的自然调整手段，经过实践验证，能够有效改善面部轮廓结构。所以，推荐这种方法的皮肤科医生越来越多。

1 促进皮肤血液循环，改善肤色

面部肌肉训练能够显著提升局部血液循环，增加氧气和营养物质的供应，这对维持皮肤健康至关重要。良好的血液循环能够增强皮肤的代谢功能，帮助皮肤排出代谢废物，减少因代谢不畅引起的肤色暗沉、痤疮、色素沉着等问题。所以在一定程度上，面部肌肉训练对于改善整体肤色的均匀度和亮度有积极作用，可以帮助皮肤显得更加光滑、有光泽。

2

缓解痤疮，减少炎症反应

痤疮的形成原因很复杂。皮肤科医生认为，面部肌肉训练能够通过改善皮肤血液循环、促进代谢，帮助调节皮脂分泌，降低毛孔堵塞的风险。定期训练还能加速皮肤的修复过程，减轻痤疮引发的炎症反应，减少痘痘的出现和痤疮留下的痕迹。同时，通过放松脸部肌肉，训练还能缓解因压力引发的痤疮，促进皮肤健康。

3

改善色素沉着和色斑

色素沉着和色斑这些常见的皮肤问题，往往与紫外线暴露、老化和炎症相关。面部肌肉训练通过增强肌肉活力和促进皮肤代谢，有助于减轻炎症、淡化现有的色斑、预防新的色素沉着。皮肤科医生强调，健康的血液循环和代谢对于维持均匀肤色至关重要，锻炼可以让皮肤更加平滑和透亮。

4

增强皮肤的自我修复能力

皮肤科医生指出，面部肌肉训练能够激活皮肤的自我修复机制，帮助皮肤应对日常损伤，例如，紫外线造成的光老化、空气污染带来的自由基伤害等。通过增强肌肉的活力和血液循环，皮肤能够更好地修复日常的微损伤，从而延缓衰老和皮肤问题的发生。

第4节 医学美容科医生：面部肌肉训练是一种美学提升

医学美容科医生的职责不仅是改善肌肤问题，还要帮助患者达到美丽的整体外观，而面部肌肉训练则为这一目标提供了新的途径。

1 提升面部轮廓

很多医学美容科医生都曾指出，面部肌肉训练能够增强肌肉力量，从而带来更加清晰的面部轮廓。这对于那些希望改善面部松弛、双下巴等问题的人来说尤其重要。通过长期、规律的面部肌肉训练，可以让面部肌肉更紧实、有力，使面部轮廓更加紧致立体，达到无创提升的效果。

2 增强自然美感

与通过注射填充物或手术来改善面部外观相比，面部肌肉训练更为自然和持久。医学美容科医生认为，通过激活面部肌肉，人们不仅能够拥有更健康的皮肤状态，还能展现更自然的美感。肌肉的自然提升让面部表情更生动，也避免了因过度整形或注射导致的僵硬感。

3 改善局部皮肤问题

对于一些面部局部的皮肤问题，如眼周细纹、法令纹等，面部肌训练能够直接作用于这些区域，通过强化局部肌肉，减少纹路的出现。所以，医学美容科医生建议将面部肌肉训练作为日常护肤的一部分，这样可以有效延缓局部皮肤的衰老，维持整体的年轻感。

通过皮肤科医生和医学美容科医生的双重专业视角，我们可以得出结论：面部肌肉训练不仅是改善皮肤健康的科学方法，还能带来自然的美学提升。相比于化学护肤品或医美手段，这种训练方式具备低成本、无创伤和长效性的优势。

在这个注重自然健康的美容时代，面部肌肉训练已经成为一种备受推崇的护肤新趋势。无论你是希望延缓衰老，还是追求更紧致的面部线条，都可以通过规律的面部肌肉训练来实现这一目标。

FACIAL MUSCLE TRAINING

第二章

逆龄奇迹：面部肌肉训练的原理

第1节 青春的支柱：面部肌肉的构造与功能

在我们谈论面部肌肉之前，首先有必要了解肌肉在人体中的基本作用与运作原理。人体的每一块肌肉，无论是用来支撑肢体活动的骨骼肌，还是在内部器官中发挥作用的平滑肌，都有着共同的特性：通过收缩和放松来完成各种动作。肌肉不仅帮助我们行走、运动，还维持着身体的姿势和平衡。当肌肉纤维受到刺激时，它们会通过神经传导信号来收缩，从而产生力量。这一过程同样适用于维持关节的稳定、保护内脏以及支持皮肤的张力和弹性。随着年龄的增长，肌肉的纤维会逐渐变得松弛、力量减弱，导致肌肉体积缩小和支撑力下降，从而引发一系列衰老迹象。

面部肌肉也遵循这一规律，只不过作用更加集中于表情控制和面部轮廓的维持上。与身体其他部位的肌肉不同，面部的表情肌直接附着在皮肤上，通过牵拉皮肤来表达各种情感。因此，当面部肌肉开始衰退时，面部不仅会失去年轻时的紧致和活力，还会出现皱纹、下垂等明显老化的状态。因此，和身体其他部位的肌肉一样，面部肌肉的锻炼也是延缓衰老、保持面容年轻的关键。

面部肌肉是决定面部表情、容貌结构的重要组成部分。它们不仅传递我们的情感，还在维持面部整体结构、支撑皮肤、保持面部弹性等方面起着至关重要的作用。随着年龄增长，面部肌肉逐渐失去弹性，出现松弛、下垂的现象，进而影响面容的整体紧致度。因此，了解面部肌肉的构成和功能，对于面部保养、抗衰老以及面部塑形有着十分重要的意义。

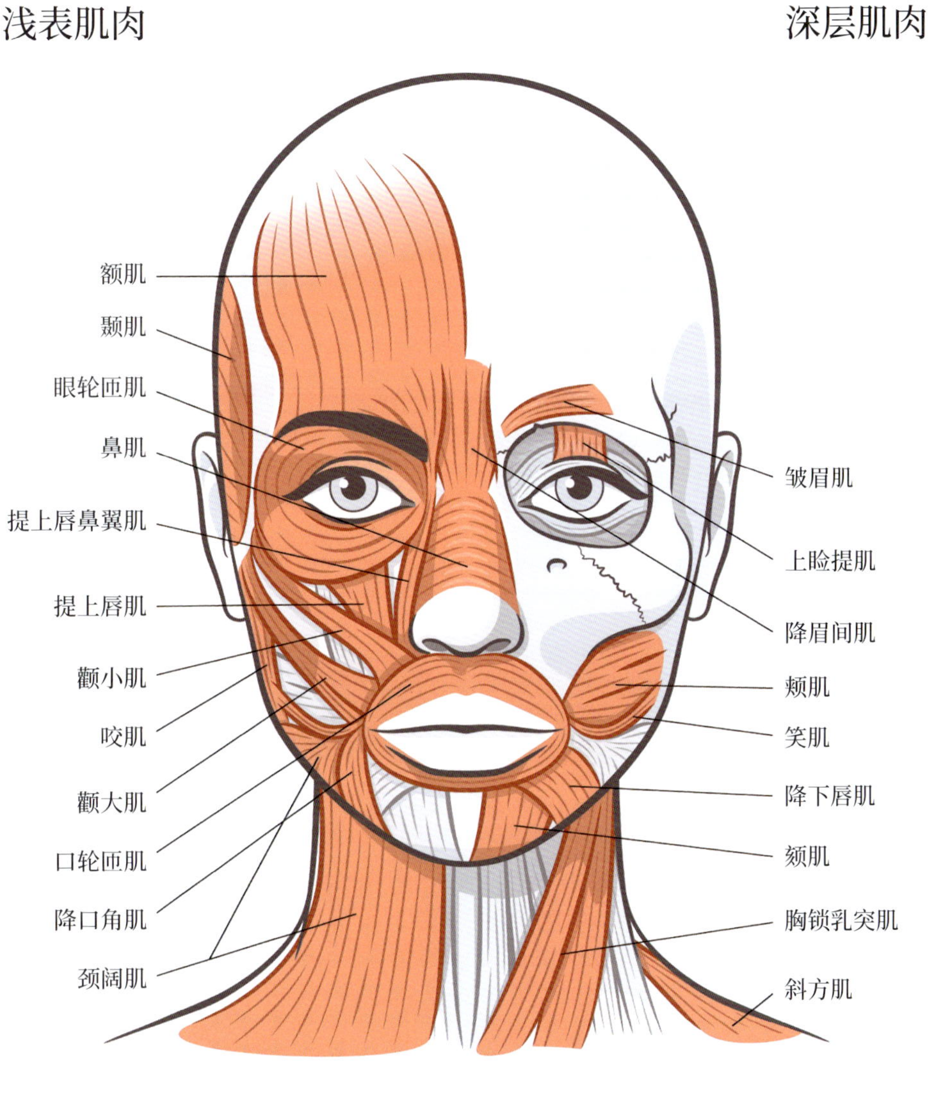

人体主要面部肌肉示意图

1 面部肌肉的组成和名称

面部肌肉总共有 40 多块，但在面部肌肉训练中，主要涉及以下 12 个区域的肌肉。这些肌肉相互协调，负责完成各种表情、动作以及维持面部轮廓。

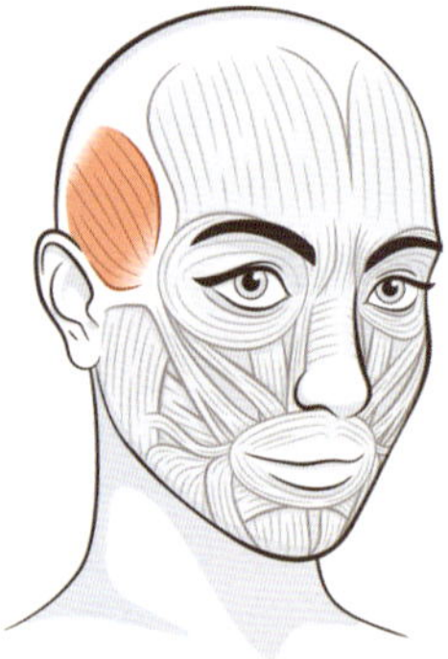

颞肌

这是一块位于颅骨两侧、太阳穴区域、呈椭圆形分布的深层肌肉。颞肌在面部支撑中扮演着重要角色。通过锻炼颞肌，能够改善太阳穴凹陷，增加面部上庭的支撑力，有效提升全脸轮廓的美感，缓解面部下垂。太阳穴区域饱满后，面部会更加立体、紧致，显得更加年轻、有精神。

额肌

位于额头的表面，负责提升额部皮肤，控制眉毛的上扬。当我们表现出惊讶、抬眉等表情时，额肌起到了关键作用。它也是抗衰老过程中需要重点关注的部位之一，保持其弹性有助于减少抬头纹的出现。

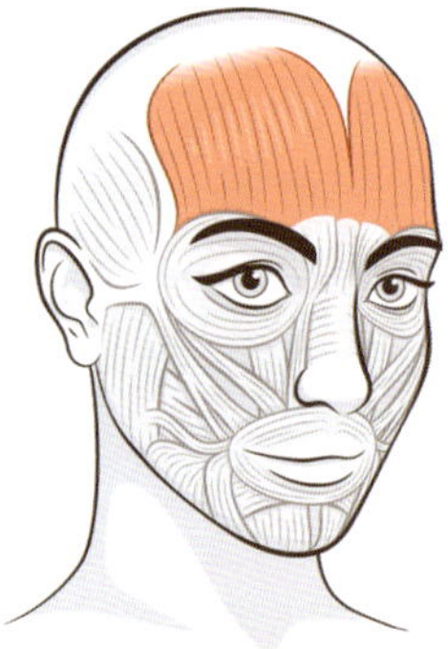

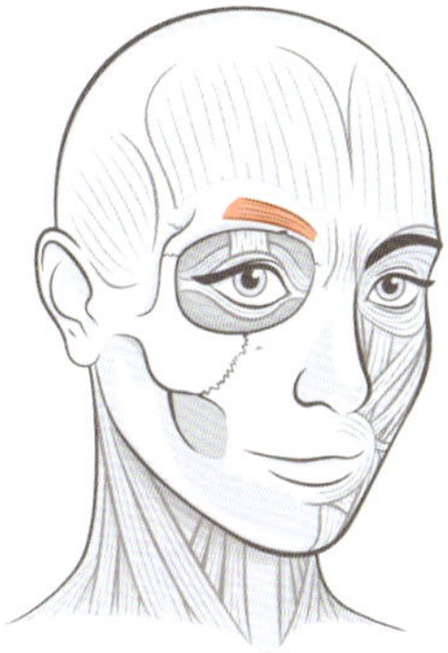

皱眉肌

位于眉间，负责皱眉和思考时的动作。这块肌肉如果过度活跃，容易产生明显的“川”字纹。因此，在面部肌肉训练中，如何放松或控制皱眉肌的收缩至关重要。

眼轮匝肌

环绕眼睛周围的肌肉，负责控制眼睑的闭合与表情。它对眼周皮肤的紧致度有很大影响，尤其是细纹、黑眼圈和眼袋的形成。保持眼轮匝肌的强健与柔韧，可以有效延缓眼周老化。

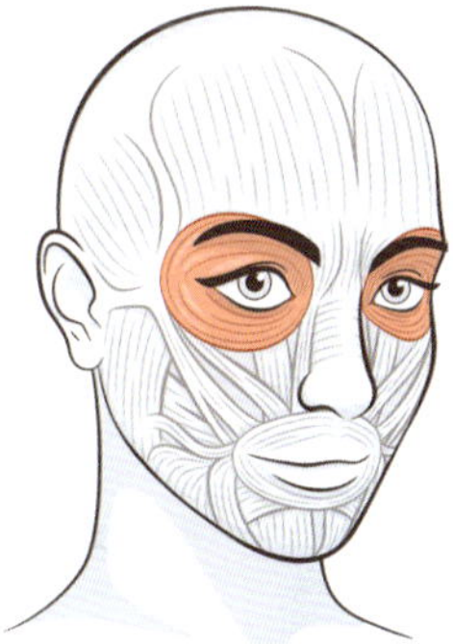

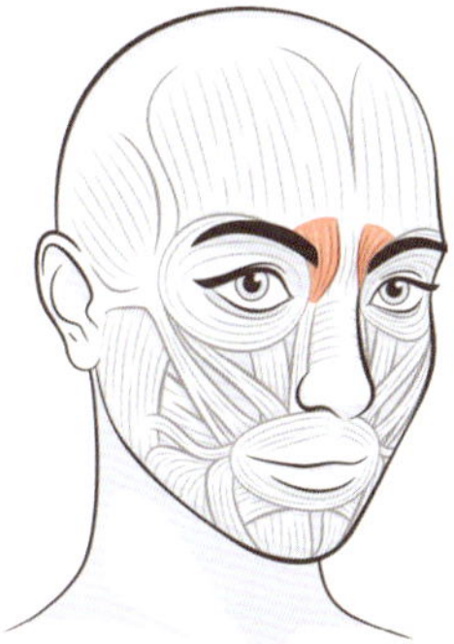

降眉肌

主要功能是控制眉毛向下的运动，它与皱眉肌和额肌协同作用，共同影响眉毛的姿态和整体面部表情。强化这块肌肉，有助于维持眉部的平衡。

鼻翼提上唇肌（鼻基底）

位于鼻旁，主要用于提升上唇并控制鼻孔扩张，是微笑、愉悦等表情的重要参与肌肉。锻炼这块肌肉可以改善笑容的自然度，同时保持鼻部与上唇的紧致度。

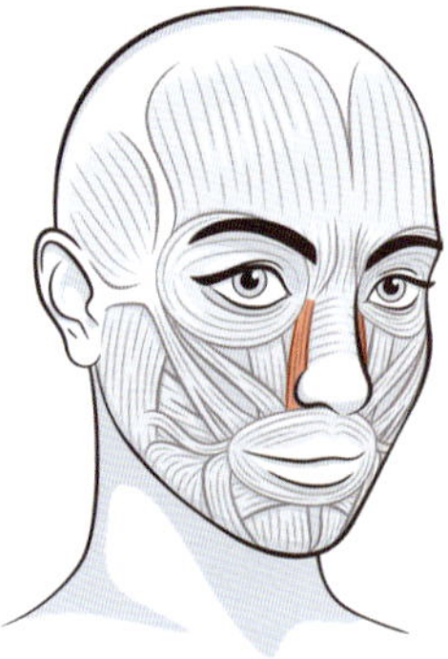

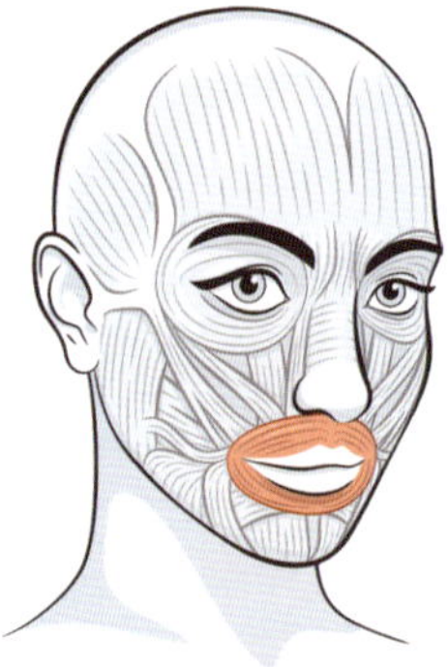

口轮匝肌

围绕口部的肌肉，负责嘴唇的收缩、闭合、噘嘴等动作。口轮匝肌的紧致度直接影响唇部线条和嘴角的上扬或下垂。随着年龄的增加，这块肌肉会逐渐失去弹性，因此加强口轮匝肌的锻炼可以预防嘴角下垂。

颧大肌

主要功能是控制嘴角的上扬，是微笑时的重要肌肉群。颧大肌和颧小肌的强健程度直接影响脸颊的饱满度和笑容的美感，锻炼这两块肌肉有助于提升脸部的轮廓感。

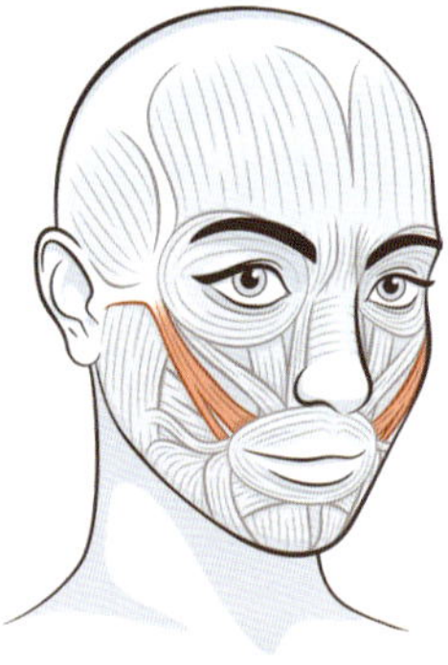

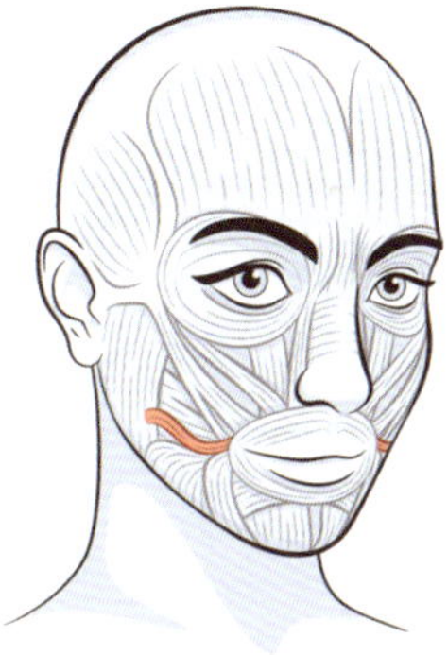

笑肌

协助颧肌控制嘴角上扬的运动，笑肌是我们形成笑容不可或缺的一块肌肉。通过特定的锻炼，可以增强笑肌的力量，使笑容更加自然和具有感染力。

降嘴角肌

负责嘴角向下的运动，当这块肌肉松弛下垂时，容易呈现悲伤、沮丧等不愉快的表情。在面部肌肉训练中，学习放松或控制降嘴角肌，有助于预防和延缓嘴角下垂。

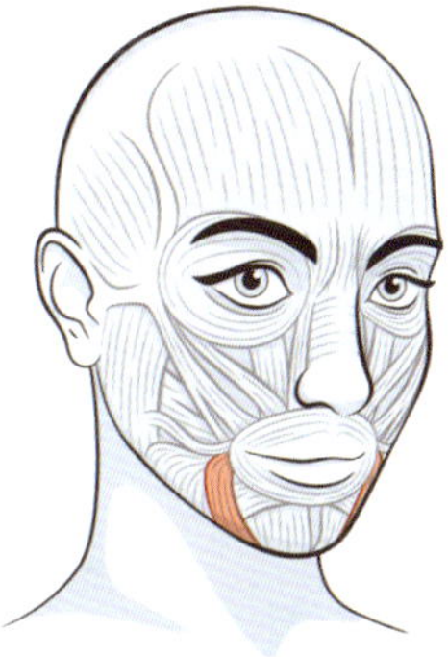

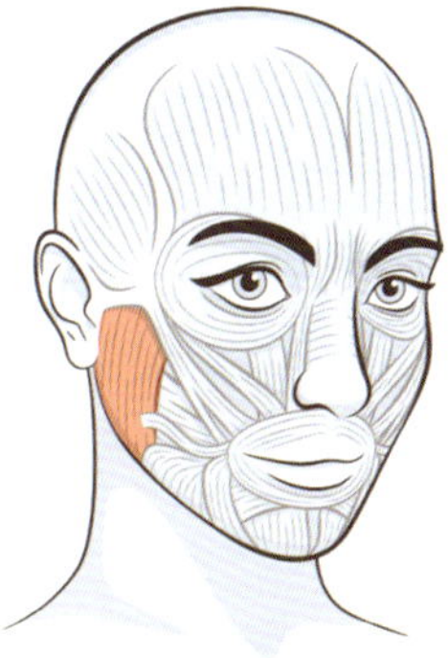

咬肌

位于下颌两侧，是咀嚼肌群中最重要的一块肌肉，主要负责咀嚼动作。咬肌过度肥大，会增加面部下半部分的重量感，导致脂肪下垂，使面部显得松弛。通过精准按压可以让咬肌变软、变小，减少其对面部下垂的拉拽力，从而使面部线条更流畅，看起来更加精致立体。

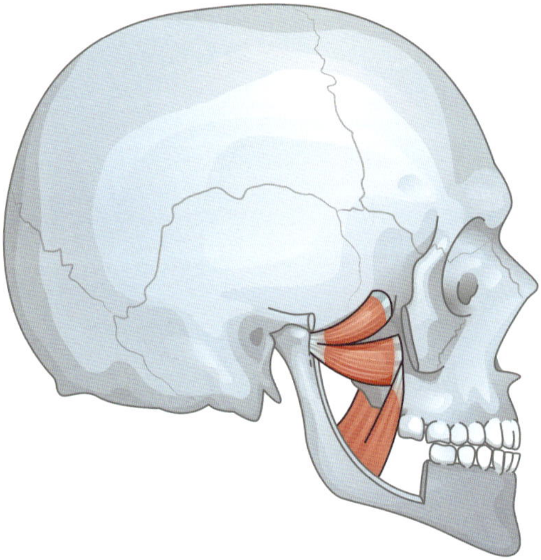

翼外肌

位于面部两侧的“腮帮子”部位，是咀嚼肌群的重要组成部分，所以我习惯把它称为“腮肌”。腮肌的主要功能是协助下颌进行运动（如咀嚼、咬牙等），同时对面部轮廓起到支撑作用。通过锻炼腮肌，可以有效支撑面中部，托起苹果肌，减轻法令纹和嘴角纹，同时抑制嘴角下垂，改善面部整体线条。

2 面部肌肉的功能与构造

面部肌肉在功能和构造上具有一些独特的特征，主要表现在表情控制、面部支撑、保护功能等方面。

表情控制

面部肌肉大多属于表情肌，这些肌肉与身体其他部位的肌肉不同，并未连接骨骼，而是直接附着在皮肤上。当我们微笑、皱眉、愤怒或开心时，表情肌的收缩会拉动面部皮肤，产生各种表情。因此，面部肌肉力量的强弱与表情的丰富度息息相关。

支撑与提升

面部肌肉除了控制表情，还在维持面部结构和轮廓中起到至关重要的作用。随着年龄的增加，肌肉弹性下降，皮肤支撑力减弱，面部线条就会松弛、下垂，法令纹、抬头纹等也随之加深。通过适当的面部肌肉训练，能够有效延缓这种衰老现象，保持面部年轻态。

保护功能

某些面部肌肉还具备保护功能。例如，眼轮匝肌能够通过收紧眼睑来保护眼球不受外界刺激伤害。强壮的颊肌能在咀嚼食物时更好地发挥其功能，防止口腔内外肌肉的失衡。

3 面部肌肉的衰老与保养

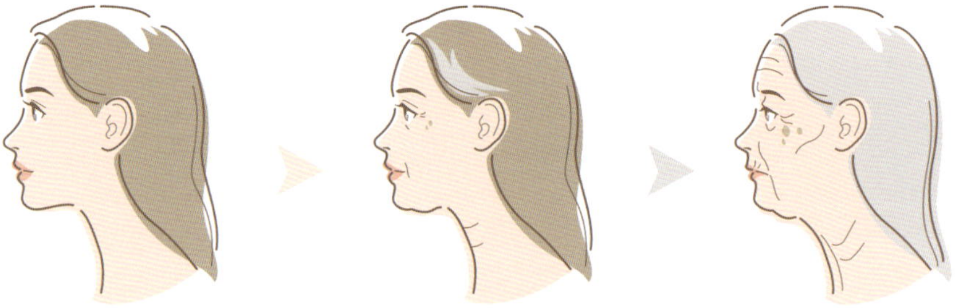

随着年龄的增长，面部肌肉不可避免地会出现衰老的现象。这些变化主要体现在以下几方面：

肌肉松弛

面部肌肉弹性逐渐减弱，皮肤失去支撑力，导致皱纹、下垂的出现，尤其是在眼周、下颌线等部位最为明显。

肌肉萎缩

面部肌肉的体积随衰老而减小，脸颊等部位的凹陷感增加，使面部轮廓不再饱满，影响面容整体的紧致度。

面部脂肪下垂

面部脂肪依附于肌肉，当肌肉松弛时，脂肪随之下垂，加重了面部老化的现象，尤其是鼻唇沟等部位。

因此，保持面部肌肉的活力和弹性对于延缓衰老至关重要。通过系统了解面部肌肉的区域、名称、构造及功能，能够帮助我们更好地理解面部肌肉在表情管理、面部轮廓塑造以及抗衰老过程中的重要性。随着我们对面部肌肉的认识不断加深，针对不同部位进行科学的肌肉锻炼将会事半功倍。

本书第三章和第四章，会为大家带来各个面部肌肉区域的训练方法，相信每一位长期练习者都能看到显著的效果。

第2节 强健肌肉，远离健康隐患

在现代社会，保持身体健康的重要性已成为人们的共识，但我们往往忽略了肌肉健康这个关键因素。肌肉不仅是我们力量的来源，更是支撑我们整体健康的基石。拥有强壮的肌肉，可以预防多种健康问题，而一旦肌肉开始流失，我们的身体就容易陷入一系列健康危机。

1 肌肉与代谢

首先，肌肉在代谢中起着重要作用。在静息状态下，肌肉消耗的热量约为脂肪的3倍，也就是说，即使你躺着不动，肌肉也在默默燃烧卡路里。肌肉量越多，基础代谢率就越高，保持健康的体重和稳定的血糖水平也变得更加轻松。而当肌肉减少时，基础代谢率会下降，肥胖和糖尿病的风险也随之增加。肌肉是储存和消耗血糖的主要场所，肌肉减少会影响身体对胰岛素的敏感性，导致血糖水平波动，增加患糖尿病的风险。

2 肌肉与心血管健康

除了促进代谢，强健的肌肉对心血管健康也至关重要。肌肉不足会让心脏负荷超载，因为身体缺乏足够的肌肉力量来支持日常活动，心脏不得不更加卖力地工作以维持血液循环。长此以往，可能会增加患心脏病和高血压的风险。此外，缺乏肌肉会导致血液循环不畅，进而增加血栓和脑梗死的风险。特别是在上楼或进行剧烈运动时，肌肉力量不足会让心率急剧上升，严重时甚至可能引发猝死。

3 肌肉与女性健康

对于女性而言,肌肉健康同样不可忽视。缺乏肌肉不仅会影响体型,还可能对整体健康造成深远影响。例如,肌肉不足的女性更容易出现腿部粗壮、臀部肥大的问题,这是因为缺乏肌肉的支撑和塑形作用,脂肪更容易堆积在这些部位。更重要的是,肌肉不足还会导致骨密度下降,增加骨质疏松和骨折的风险。强健的肌肉能有效支撑骨骼,保护关节,减少运动损伤的发生。

4 肌肉与运动能力

说到运动,无论是日常活动还是体育锻炼,肌肉都是我们行动的引擎。强壮的肌肉不仅能提升运动表现,还能减少受伤的风险。在高强度

运动中，肌肉为关节和肌腱提供必要的支撑和保护。如果肌肉不足，身体在应对高强度运动时就会显得力不从心，容易出现急性损伤和慢性疾病。

5 肌肉与心理健康

强健的肌肉对心理健康也有很大益处。研究表明，肌肉训练可以促进内啡肽的分泌，这种“幸福激素”有助于缓解压力，提升情绪，让你更从容地应对生活中的各种挑战。定期的肌肉训练不仅可以塑造更健康的体魄，还能增强自信心，提高整体生活质量。

强健的肌肉不仅能让你的体型更美，生活中也会有很多惊喜——从轻松搬起重物，到自如地走完一段长路，你会发现，肌肉的力量无时无刻不在支撑着你。现在就开始你的肌肉训练之旅吧！通过科学的训练方法，你会发现不仅体力提升了，精神状态也会焕然一新。心中幻想一万步，不如在现实中迈出第一步，让我们现在就开始面部肌肉训练吧！

FACIAL MUSCLE TRAINING

第三章

面部外轮廓肌肉训练

本章旨在通过系统的面部外轮廓肌肉训练，有效缓解泪沟、法令纹、嘴角纹、下颌线不清晰、全脸松弛等面部常见问题。通过科学的方法和持续的练习，提升面部肌肉的力量与弹性，改善面部轮廓，重塑精致而立体的脸型，提升整体面部的美观与协调性。

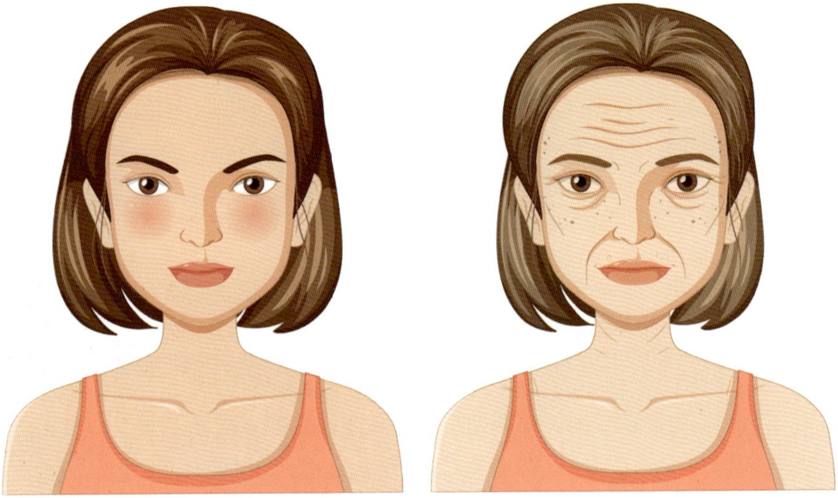

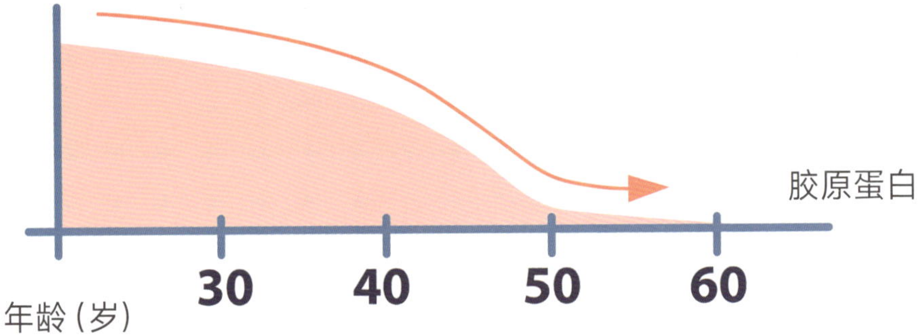

胶原蛋白随着年龄增长而流失示意图

第1节 训练前的4个准备步骤

在开始面部外轮廓肌肉训练之前，进行适当的准备工作至关重要。这不仅有助于提高训练的效果，还能减少肌肉拉伤或不适的风险。以下是我自己的准备步骤：

1 面部清洁

使用温和的洁面产品彻底清洁面部，去除污垢和多余的油脂，为后续的精油吸收创造良好条件。

2 涂抹精油

选择适合面部的精油，如玫瑰精油、甜杏仁油、十一籽油等。

取适量精油，均匀涂抹于面部，确保每寸肌肤都被精油充分滋养。不需要等待精油完全被面部吸收，让肌肤得到深度滋润即可。

3 准备眉笔

初学者可准备一支眉笔，有助于我们精准地在脸上找到肌肉发力的位置，确保训练效果。

4 环境准备

选择一个安静、舒适的环境，确保在训练过程中不被打扰。

可以播放轻柔的音乐，帮助放松身心，提高训练的专注度。

通过以上准备工作，能够为面部肌肉训练打下良好的基础，确保每一个动作都能发挥出最好的效果，帮助您实现理想的面部轮廓目标。

第2节 塑造饱满的太阳穴

1 激活太阳穴的肌肉

动作原理

通过嘴巴上下开合的动作激活全脸肌肉，让颞肌开始运动，从而激活颞肌，恢复肌肉弹性和张力，让太阳穴位置更饱满，减轻全脸下垂，提升全脸轮廓，对抗全脸下垂。

动作步骤

❶ 双手放在太阳穴两侧。

❷ 上唇保持静止，用食指辅助固定，仅用下巴做上下开合的动作，注意开合的过程中不要露出牙齿。

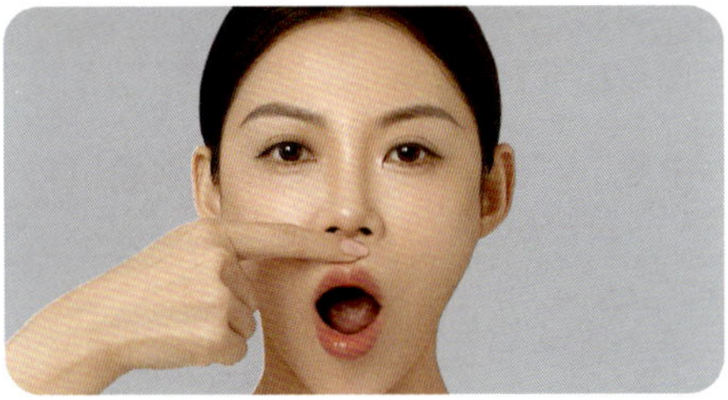

❸ 观察镜子中的自己，面部发力时，能看到太阳穴附近的肌肉在微微上下运动。

整套动作持续1分钟，重复3次。

2 拉伸颞肌与腮肌

动作原理

该动作通过模拟打哈欠，最大程度地拉伸颞肌和腮肌，激活静止或萎缩的肌肉，并在头顶与下巴之间形成对抗拉力。只有在对抗力的作用下，才能实现有效拉伸。该动作可以让肌纤维膨胀，从而使太阳穴区域饱满，为面部提供更好的向上支撑。

动作步骤

❶ 嘴巴张开，往口腔内深吸一口气。

❷ 慢慢抬头，随之嘴巴缓缓张大，直至张到最大。感受太阳穴区域的颞肌和耳前腮肌的拉伸，有酸胀感说明已拉伸到位。整套动作持续 30 秒，过程中至少打 3 次哈欠，重点是要把哈欠打出来。

重复 1 次，感受到颞肌酸胀疼痛方为有效。

3 按压凹陷处并拉伸颞肌

动作原理

肌肉因动态运动而显现的凹陷，不易被察觉。通过面部运动去锁定凹陷位置，并用手掌根定位的方式，精准地作用到凹陷缝隙处。这个动作可以松解颞肌的紧张状态，拉伸肌纤维的韧性，肌肉的伸展力变得更强，并且越疼越明显，从而有效提升太阳穴的饱满度。

动作步骤

❶ 保持身体直立，面部呈放松状态。

❷ 上唇不动，嘴巴轻轻张开。用双手的食指沿着正面颧骨最高点向耳朵方向滑动，直到手指触碰到耳朵前方稍微鼓起的小突起（颧弓前部），就是目标位置。

❸ 双臂展开，与地面平齐，腋窝展开。动作幅度尽可能大一些，双手手掌根用力按压目标肌肉。同时保持嘴部放松、舌头放松，轻轻吸气，保持 30 秒以上。

❹ 嘴巴轻轻吸气，往上抬头打哈欠，专注于打哈欠的整个动作和过程，让口腔内的空间上下打开至最大，把哈欠打出来。此时会感觉到两个位置一起疼，一个是颞肌区域，一个是腮肌区域。双手使劲按压，感觉把颧骨往内推变窄，使太阳穴区域更为饱满。

❺ 放下双臂，面部恢复放松状态。

重复 1 次，同时缓慢配合呼吸。

第3节 告别耳前凹陷，让下颌线更流畅

1 增强耳前肌肉与颞肌力量（基础版）

动作原理

着重锻炼耳前肌肉，让大肌肉带动小肌肉。该动作通过集中意念和正确的发力方式，有意识地进行高强度的力量训练，才能把肌肉练得饱满。

动作步骤

❶ 保持上唇不动，下巴微微张开，不露牙齿。整个面部放松，没有表情。两手食指分别放在两侧太阳穴上，嘴巴发“啊”的音。放松嘴巴、牙齿和舌头。

❷ 将意识集中于下牙的最后一颗牙齿，集中所有力量用力顶最后一颗牙齿，上唇保持不动，顶到腮肌有撕裂感、疼痛感。下排后牙向后脑勺的方向持续使劲发力，直至感受到耳前肌肉疼，颞肌有轻微的拉伸感或胀痛感。

❸ 缓慢放松咬合力量，恢复到放松状态。

整套动作持续 30 秒，重复 1 次。

2 增强耳前肌肉与颞肌力量（强化版）

动作原理 该动作通过集中意念和正确的发力方式，让耳前肌肉得到锻炼。高强度力量训练才能撕裂肌纤维，练大肌肉。这样可以有效支撑面中部的凹陷。支撑面部苹果肌不下垂，让法令纹、嘴角纹也有支撑，同时抑制嘴角下垂。

动作步骤

❶ 上唇静止不动，下巴打开，轻轻往嘴里吸气，但不需要持续吸气。让嘴巴、牙齿和舌头完全放松，保持下颌自然松弛的状态。

❷ 将注意力集中在下排最后一颗牙齿的位置。下牙缓慢发力，将力量向上顶住耳前肌肉，逐步加大压力，直至耳前肌肉开始有明显的紧绷感。持续增强发力，让下牙带动整个下颌，感觉力量逐渐延伸到耳前肌肉深处。

❸ 保持嘴巴张开但放松的状态，将下牙的力量推向后脑勺方向。让下排最后一颗牙稳稳地顶住耳前肌肉，同时逐步加大后移的力度，感受到耳前肌肉被强力顶住，并传递到腮肌，直到产生强烈的撕裂感。保持这一力量片刻，让力量充分刺激耳前肌肉和腮肌，不要松懈。

❹ 慢慢释放压力，先放松下颌和牙齿，然后全身回到放松状态。

整套动作持续 30 秒，重复 1 次。

第4节 太阳穴发力，破坏颞肌纤维，让肌肉饱满膨胀

动作原理

通过后排牙齿的固定发力，将力道集中传导至太阳穴处的颞肌，让太阳穴发疼、发胀，破坏颞肌纤维，达到肌肉膨胀饱满的效果。

动作步骤

❶ 将嘴巴张到最大，后牙上下牙齿拉开空间，想象整个口腔含着一个鸡蛋的空间。确保嘴唇、喉咙放松，舌头自然平铺在口腔内。

❷ 整个后排牙上下发力固定住，用后牙下排牙顶着耳前腮肌肌肉，向太阳穴的方向顶，牙齿固定不动，用意念发力，直至顶到太阳穴颞肌肌肉有撕裂感。

❸ 缓慢松开牙齿，让颞肌和下颌放松，回到初始状态。

整套动作持续 10 秒，8 次为 1 组，每天进行 2 组。

第5节 消除双下巴，淡化颈纹，拥有清晰外轮廓

1 激活下颌力量

动作原理

通过集中力量于下牙最后一颗智齿的部位，可以有效激活下颌肌肉群并带动耳前肌肉的拉伸和强化。这个动作能够有效增强下颌的力量，帮助减轻双下巴的堆积，提升下颌线的紧致度。

动作步骤

❶ 上唇不动，下巴微微往下张开，后牙向上顶，顶到太阳穴有撕裂感。

❷ 将所有意念都集中于下牙的最后一颗牙齿，让下牙持续向上顶着咬。下牙先发力，慢慢地将力量传导至太阳穴，直至有撕裂感和力量传递的感觉。

❸ 保持上唇不动，下牙用力向上，同时抬头，拉伸脖颈肌肉。脖颈的拉伸感和太阳穴因后牙发力而产生的持续撕裂感同步出现。

❹ 只使用后牙使劲，嘴巴张开，保持正常呼吸，感受耳前肌肉的轻微疼痛和紧张感。

❺ 慢慢松开下颌，回到初始的放松状态。

整套动作持续 10 秒，每天进行 20 次。

2 颈部拉伸塑形

动作原理

这个动作通过抬头与下牙发力的结合，能够有效拉伸颈部的前部肌肉，淡化颈纹，并帮助消除双下巴，防止颈部肌肉萎缩。

动作步骤

❶ 保持上唇不动，下巴微微往下，嘴巴微张，牙齿和舌头放松。

❷ 后牙向上顶，顶到太阳穴出现撕裂感。然后抬头，拉伸脖颈肌肉。脖颈的拉伸和太阳穴因后牙发力而产生的持续的撕裂感同步出现。

❸ 慢慢抬起头，向上仰望，将下巴向天花板的方向抬起。同时保持下排最后一颗牙向上顶的力量持续 30 秒，感受下颌肌肉对太阳穴方向的发力。在仰头的同时，充分感受脖子前部肌肉被拉伸的感觉，让颈部线条完全展开，保持这个姿势 10 秒。做这个动作时，能感觉到脖子肌肉的拉伸感以及太阳穴肌肉的轻微疼痛和跳动。

❹ 慢慢将头恢复到自然位置，放松颈部和下颌。

重复 1 次，每次持续 30 秒。

第6节 松解咬肌，重塑精致脸型

动作原理

咬肌越大，脸越垂。该动作通过精准、垂直地压迫因咬合所鼓起的肌肉，让咬肌慢慢变软，减少咬肌在全脸的重量感。通过精准的发力和手部正确的按压姿势，能够有效缓解因咬肌肥大导致的脸部下垂，咬肌往内收，法令纹变浅，整体看上去更精致、立体。

动作步骤

❶ 保持嘴巴自然张开，放松上唇、下唇、牙齿和舌头。

❷ 上下牙用力咬合，耳垂下方会突出一块大疙瘩，这就是咬肌的硬结处，可用双手食指触摸到。

❸ 双手握拳，大拇指朝外，使用 4 个手指关节压在咬肌的硬结处。双手向内施压，不要左右移动，不要揉，保持咬肌持续被施压。

❹ 嘴巴微微张开，双臂稳固在桌面上，继续用力垂直按压（不要揉压）咬肌，保持 30 秒，感受肌肉的拉伸与松解。

❺ 缓慢松开手指，在咬肌位置按压出手指印，整个咬肌区域此时会感觉疼痛、变软（刚开始松解时会感觉非常痛，但已经变软的咬肌按压是不会疼痛的）。

重复按压 1 次，持续 30 秒。

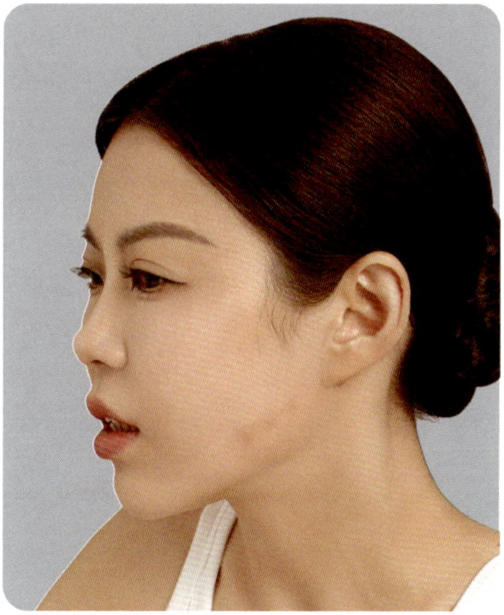

FACIAL MUSCLE TRAINING

第四章

面部内轮廓肌肉训练

本章聚焦于面部内轮廓的肌肉训练，旨在解决日常生活中常见的面部内轮廓问题，如眼袋、鼻基底凹陷、鱼尾纹、法令纹、眼窝凹陷、“川”字纹等。这些面部问题不仅影响整体面部的年轻感，还会让面部轮廓显得疲惫与松弛。通过科学的面部肌肉训练，可以有效激活面部深层肌肉，提升肌肉的力量与弹性，缓解皱纹、恢复面部的紧致感与立体感，使整个人更加年轻且富有光泽。

第1节 训练前的准备工作

在进行面部内轮廓肌肉训练之前，做好充分的准备工作至关重要。适当的准备能够提高训练的效果，并且帮助肌肉在训练过程中避免不必要的紧张与损伤。以下是 3 个准备步骤。

1 眼部清洁

使用温和的眼部卸妆产品和洁面产品，彻底清洁眼部区域以及面部 T 区。去除眼周和面部的油脂与污垢，确保训练时肌肤处于干净、健康的状态。

2 保湿护理

选用适合眼周及面部的保湿水或者精华液，轻轻涂抹在眼周、鼻基底及脸颊区域，特别针对容易出现凹陷和皱纹的区域。保湿产品可以为肌肤提供深度滋润，增强肌肤的弹性，同时为面部肌肉训练提供保护，防止拉伸时让肌肤产生不适。

3 调整心态与环境

确保训练环境安静舒适，避免外界干扰。可以选择舒缓的音乐，帮助身心放松，提升训练的专注度。保持愉悦的心情和专注的意识，有助于更好地控制面部内轮廓肌肉，达到更好的训练效果。

第2节 抚平“川”字纹与抬头纹，重现光滑额头

1 眉肌压迫

动作原理

通过外力压迫和拉伸眉肌，松解肌纤维，同时促进血液循环，减少眉间纹路，平滑额头肌肤。持续的刺激有助于改善肌肉弹性，淡化“川”字纹和抬头纹。

动作步骤

❶ 挑眉，找到最鼓起的眉肌，用食指和中指的第二关节按压在鼓起的肌肉上，也可以用手臂放在桌子上支撑身体。

❷ 用力将头向下压，同时保持手指对眉肌的压迫，形成强烈的对抗，让力量逐渐渗透，直到把肌纤维松解开。

❸ 放松头部，轻轻抬起，观察眉肌上出现两个小坑。

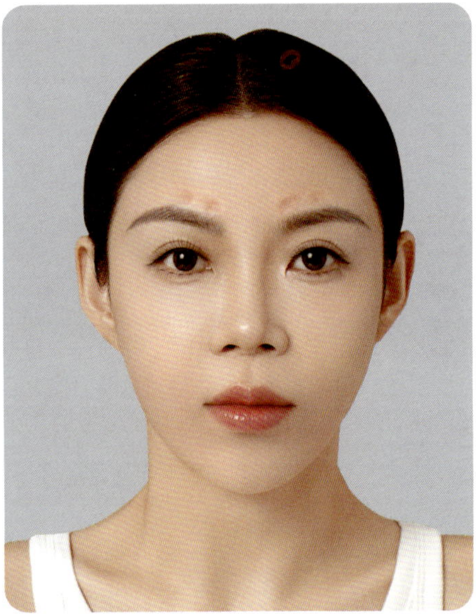

整套动作持续 30 秒，15 次为 1 组，每天进行 2 组。

2 眉间松解

动作原理

通过手指的压力和拉伸，松解眉间肌肉的紧张，促进肌肉的放松和血液循环，减少肌肉的紧绷感，改善眉间纹路。

动作步骤

❶ 用食指和中指的第二关节压在眉心处，左右推动眉肌。

❷ 将左手食指托住左眉的皱眉肌向后压住，用右手食指向左右刮动眉肌。中间的肌肉放松时，可以感受到肌肉内部的轻微响声。

❸ 按同样步骤换另一侧操作。

❹ 两根食指对立朝下，向眉毛两侧舒展，释放对肌肉的压迫。

整套动作持续 15 秒，
15 次为 1 组，每天进行 2 组。

3 纸巾辅助皱眉

动作原理

通过纸巾的阻力和固定，增加皱眉肌肉的负荷，强化眉间肌肉的力量和弹性，帮助减少皱纹的出现，塑造紧致平滑的肌肤。

动作步骤

❶ 准备两张纸巾折叠成小方块。

❷ 分别放在眉间肌肉处，用 4 根手指压住，大拇指固定在太阳穴附近用力皱眉，同时使劲往后拽纸巾，保持大拇指的固定位置，感受眉间肌肉的对抗与发力。

❸ 放松眉片刻后，如果再次皱眉时变得困难，说明肌肉得到了有效锻炼。

整套动作持续 5~8 秒，
15 次为 1 组，每天进行 2 组。

4 额肌拉伸

动作原理

通过手指的推动和额肌的拉伸，增加额肌的柔韧性和力量，改善额头的肌肉紧张，减少抬头纹路，提升面部整体的紧致感。

动作步骤

❶ 伸手握空拳，向上推额头，感受额头的拉伸感。

❷ 手掌心贴紧额头皮肤，同时眨眼睛。不要挑眉毛，感受额肌顶手，两侧肌肉有轻微的“虫子”蠕动的感觉。

整套动作持续 5~8 秒，
15 次为 1 组，每天进行 2 组。

❸ 放松手部和眉毛，恢复到自然状态。

第3节 提升眼皮，恢复明亮双眸

上眼皮紧闭提升法

动作原理

这里用的是上眼皮紧闭提升法，就是通过有意识的闭眼与眼球上翻，激活和强化眼部肌肉群，提升上眼皮肌肉的力量和紧致感，改善眼部疲劳并增强眼部肌肉控制能力。

动作步骤

❶ 面部肌肉放松，双眼自然闭合。

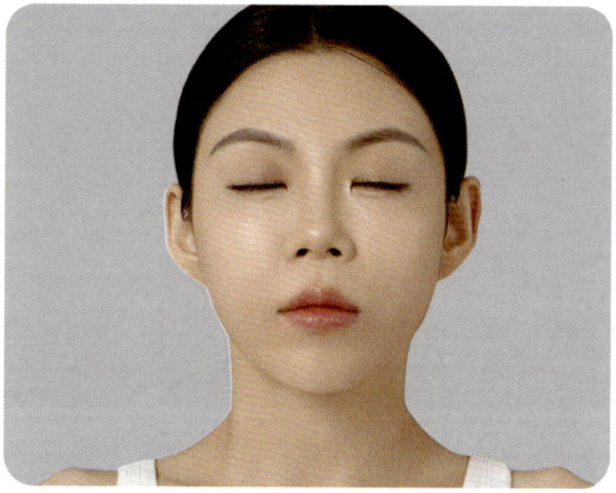

❷ 集中注意力于上眼皮，缓慢而有力地向下闭眼，感受到上眼皮的肌肉紧绷。

❸ 在闭眼的同时，努力将眼球向上翻转，可以将食指放在眼皮上感受眼球拽动眼部肌肉的拉伸感。保持这种拉伸感 3~5 秒，直到感受到眼部肌肉的酸痛和轻微颤抖感。

❹ 缓慢放松上眼皮和眼球，回到自然睁眼状态，放松全身。

整套动作持续 5~8 秒，
15 次为 1 组，每天进行 2 组。

第4节 消除鱼尾纹，展现活力笑容

1 外眼轮匝肌轻触激活法

动作原理

通过专注控制上睫毛根部的眼部肌肉，轻柔刺激外眼轮匝肌，帮助减少鱼尾纹的出现，提升眼部肌肉的活力与紧致度，让笑容更具青春活力。

动作步骤

❶ 双眼微微睁开，双手食指放在双眼的外眼角处，保持手指的轻柔触感，不要施加过多压力。

❷ 全部意识集中于上睫毛根部，感受上眼睑的存在，眼睛轻轻看向上眼皮。不要挑眉、皱眉或挤眼，保持面部肌肉的放松状态，让眼部肌肉单独发力。通过食指，感知外眼轮匝肌的轻微抖动，保持这种状态 3~5 秒，感受眼部肌肉的微小运动，着重感受外眼轮匝肌的细微运动。

❸ 放松手指和眼部肌肉，恢复自然的面部状态。

整套动作持续 5~8 秒，15 次为 1 组，每天进行 2 组。

2 双眼微闭轻提法

动作原理

通过这种微闭双眼并利用意念提拉的练习，可以激活外眼轮匝肌的自然拉力，从而在不依赖双手的情况下实现眼角的轻微提升。长期坚持这一练习有助于减少眼角细纹的出现，增强眼部肌肉的弹性，延缓鱼尾纹的产生，使眼部轮廓看起来更紧致有神。

动作步骤

❶ 面部完全放松，双眼微微睁开。

❷ 保持眼睛处于轻微闭合状态，眼皮放松，眼角略微上提。

❸ 将全部意念集中于眼角两侧，通过意念感受眼部外眼轮匝肌的轻微上提力，不需要做实际动作。体会眼角肌肉的细微拉伸感，仿佛在用意念向上提拉眼角。同时保持额头、眉毛和面部其他区域的放松，避免产生额头纹或其他紧张感。

❹ 保持双眼微闭的状态 3 秒，感受外眼轮匝肌的轻微发力，尤其是眼角的上提感，专注于眼角部位的提拉。

❺ 缓慢睁开双眼，轻轻眨眼几次，放松面部肌肉，消除紧绷感。

整套动作持续 5~8 秒，
12 次为 1 组，每天进行 2 组。

第5节 填补眼窝凹陷，找回年轻眼神

下眼睑轻顶法

动作原理

通过精细控制下眼睑的发力，激活眼窝周围的肌肉，帮助填补眼窝凹陷，提升眼周的紧致度，使眼神更加有神，增强面部的立体感。

动作步骤

❶ 双眼微微睁开，不挑眉、不皱眉、不挤鼻子，保持面部的整体放松状态。

❷ 大脑的注意力放在眼球上，轻轻上翻眼球，保持眼睛自然睁开，不要使上眼皮完全闭合。当眼珠轻轻向上翻时，注意让上眼皮稍微遮挡住一部分眼球，保持自然状态，不要用力闭眼。

同时，感受下眼睑向上顶的力量。可以轻轻闭合下眼睑但不完全闭合，保持轻微的挤压感。

❸ 用手指轻触下眼睑，感受其发力的微微变硬状态，保持 3 秒。缓慢放松下眼睑和眼球，恢复自然的睁眼状态，放松肌肉。

整套动作持续 5~8 秒，
15 次为 1 组，每天进行 2 组。

第6节 平整眼袋与泪沟，让双眸神采奕奕

下眼睑发力提升法

动作原理

通过专注于下眼睑的微微发力和眼部的放松状态，帮助平整眼袋和泪沟，减少眼部浮肿，提升眼部肌肤的紧致度，使双眸更加明亮有神，焕发青春活力。

动作步骤

❶ 面部放松，嘴巴微微闭合但不紧张。

❷ 眼睛直视前方的墙面，保持视线固定，不上下左右移动。

❸ 将所有注意力集中于下眼睑区域，感受下眼睑的轻微运动和发力状态。确保嘴巴、眉毛、鼻子都处于完全放松的状态，不皱眉、挑眉或挤鼻子，保持面部的自然舒展。

❹ 随着眼睛睁大的动作，感受下眼睑发酸的感觉，保持这种状态，注意是否有轻微的想流泪的感觉，确保下眼睑的微微发力。

❺ 放松下眼睑，面部恢复到自然状态。

整套动作持续 5~8 秒，
12 次为 1 组，每天进行 2 组。

第7节 改善法令纹与苹果肌下垂，抚平印第安纹

1 嘴角冷笑法，激活苹果肌

动作原理

通过轻微的冷笑表情，激活颧大肌、颧小肌和颊肌的力量，帮助提升苹果肌，减少法令纹的出现，改善面部肌肉下垂现象。

动作步骤

❶ 面部自然放松，双唇微微张开，保持上下牙齿不接触。

❷ 将嘴巴轻轻打开，做出冷笑的表情。嘴巴越放松，嘴角上扬的幅度越大。

❸ 集中注意力，感受颧大肌、颧小肌和颊肌同时向上顶起的感觉，保持这个状态 3 秒。

❹ 放松嘴角，面部恢复到自然状态。

整套动作持续 5~8 秒，
15 次为 1 组，每天进行 2 组。

2 轻托苹果肌，锻炼颧大肌、颧小肌、颊肌的力量

动作原理

通过发音和手指辅助，激活并提升苹果肌，帮助减缓法令纹和苹果肌下垂，促进面部肌肉协调与紧致感。

动作步骤

❶ 双手手心朝外，用大拇指与食指的弧线卡住苹果肌边缘。

❷ 将大脑的注意力集中在苹果肌上，想象苹果肌正在轻轻向上提升。

❸ 用大拇指轻托苹果肌，帮助支撑肌肉向上，感受颧大肌、颧小肌和颊肌同时发力。

❹ 在肌肉发力的同时，轻轻发出“ü”的声音，感受颧大肌、颧小肌和颊肌的蠕动与提升。

❺ 放松嘴巴与苹果肌，面部恢复到自然状态。

整套动作持续 5~8 秒，
15 次为 1 组，每天进行 2 组。

3 苹果肌轻提训练

动作原理

通过专注于苹果肌的提升训练，增强苹果肌的支撑力，改善面部肌肤下垂问题，减少印第安纹的出现，使面部看起来更年轻、紧致。

动作步骤

❶ 面部自然放松，嘴角轻轻往两侧拉开，上唇内收，不露牙齿。

❷ 将注意力集中于苹果肌上，想象苹果肌轻轻向上提升，不要过度用力。不需要动用嘴巴的力量，感受苹果肌自然而轻微地向上顶起的发酸感，保持这个状态 3 秒。

❸ 放松苹果肌，面部恢复到自然状态。

整套动作持续 5~8 秒，
15 次为 1 组，每天进行 2 组。

2 全脸支撑

动作原理

通过“全脸支撑”动作，有效激活面部上提肌群，逆向推按法令纹，帮助提升面部轮廓，增加塑形效果。

动作步骤

❶ 面部自然放松，嘴巴发出“O”的音节，做出惊讶的表情。

❷ 眉毛保持不动，把全脸肌肉向上支撑发力。

❸ 手指涂抹精油，从下往上，逆着法令纹向上推，空手回来。

整套动作持续 5~8 秒，
12 次为 1 组，每天进行 2 组。

第9节 提升嘴角，让口周饱满显年轻

1 嘴角压顶，激活笑肌

动作原理

通过手指深层按压与“Yü”音的发声，激活笑肌与降嘴角肌，帮助提升嘴角下垂，改善口周肌肉的紧致度与饱满感。

动作步骤

❶ 食指与中指并拢，轻轻按压嘴角与下巴的一侧。慢慢压实皮肤直到感知到面部深层肌肉。

❷ 嘴巴发出“ü”的声音，感受嘴部肌肉向前顶出。肌肉会轻轻抵住手指，可以感受到笑肌与降嘴角肌的轻微蠕动。

❸ 换另一侧，以便更好地感知每一侧的肌肉发力。

❹ 缓慢放松嘴部与手指，面部恢复到自然状态。

整套动作持续 8 秒，
12 次为 1 组，每天进行 2 组。

2 猴子大笑法，提升苹果肌

动作原理

通过夸张的笑容动作，激活苹果肌、笑肌和周围肌肉，帮助提升嘴角和苹果肌，抚平鼻基底凹陷，使笑容更加自然和饱满。

动作步骤

❶ 坐直或站立，保持脊柱挺直，肩膀放松，面部放松。

❷ 将上唇内收，感受到上唇的肌肉紧张。

❸ 嘴角上提，模仿猴子大笑，做出夸张的笑容表情，感受到苹果肌的上提。保持动作时，确保下唇和脖子不发力。

❹ 感受嘴角、鼻基底和苹果肌的轻微发酸感。

❺ 慢慢放松表情，放松面部肌肉。

整套动作持续 5~8 秒，
12 次为 1 组，每天进行 2 组。

3 轻轻吐气，激活上口轮匝肌

动作原理

通过手指与上唇的轻柔接触和吐气，激活上口轮匝肌，帮助提升嘴唇区域的紧致度，使口周饱满有力，改善嘴角下垂。

动作步骤

❶ 坐直或站立，保持脊柱挺直，肩膀放松，面部自然放松。

❷ 伸出一根手指，轻轻放置于下巴上，同时贴住嘴唇。

❸ 保持上唇与手指接触，轻轻往外吐气，感觉到气流通过上唇，确保动作轻柔。

❹ 吐气时感受上口轮匝肌的轻微发力与蠕动，保持动作 3 秒，直到感受到上口轮匝肌的发酸感。

❺ 放下手指，面部恢复到自然状态。

整套动作持续 5 秒，12 次为 1 组，每天进行 2 组。

FACIAL MUSCLE TRAINING

第五章

女性全身塑形训练

本章将通过系统化的全身塑形训练，帮助女性朋友从头到脚全面提升体态美感。从塑造天鹅颈、挺拔身姿，到告别蝴蝶袖和重塑蜜桃臀，每一个小节都针对女性常见的体态问题，设计了科学、有效的训练方法。这些训练不仅能够美化线条，改善身体姿态，还能提升整体气质，使女性朋友在日常生活中更加自信、优雅地展现魅力与活力。

第1节 塑造天鹅颈，提升线条美感度

塑造天鹅颈的锻炼可以分为几个科学有效的动作，主要目的是拉伸和强化颈部的肌肉群，改善体态并减少颈部的疲劳感。以下是几个基础动作的步骤说明，每个动作都基于解剖学和运动生理学而设计。

1 颈部侧拉伸

通过拉伸斜方肌和胸锁乳突肌，放松肩颈区域的肌肉，减轻紧绷感，改善颈部线条，促进血液循环，增强肌肉的柔韧性。

动作步骤

❶ 坐姿或站姿，保持脊柱挺直，肩膀放松。

❷ 头部缓慢向右侧倾斜，将耳朵靠近右肩膀，感受左侧颈部的拉伸。右手可以轻轻放在头顶，增加拉伸的力度。在最舒适的拉伸位置保持 15~20 秒，专注于感受颈部肌肉的拉伸。

❸ 慢慢放松头部，恢复至中立位置。

❹ 换另一侧手臂，拉伸另一侧斜方肌。

左右各做 3 次，保持呼吸平稳。

注意事项

保持肩膀下沉，避免耸肩。

动作要缓慢且有控制，避免用力过猛导致肌肉拉伤。

保持呼吸均匀，不要屏息。

2 耸肩运动

通过激活斜方肌，缓解颈部和肩部的紧张，增强肩部肌肉的力量，帮助塑造优美的肩部线条。

动作步骤

❶ 坐姿或站姿，保持脊柱挺直，双肩放松。

❷ 深呼吸，抬起双肩至耳朵附近，尽量耸高肩膀。

❸ 保持 1~2 秒，然后缓慢放下肩膀，放松。

10 次为 1 组，完成 2 组。

注意事项

动作要缓慢且有控制，确保斜方肌充分发力。

注意呼吸均匀，不要屏息。

3 肩胛骨挤压

通过激活肩胛骨周围的肌肉，改善上半身姿态，增强背部和肩部肌肉的力量，帮助塑造优美的颈部曲线，减少驼背现象。

动作步骤

❶ 坐姿或站姿，双手自然垂放于身体两侧。

❷ 将肩胛骨向后收紧，像要将它们靠拢一样，保持脊柱挺直。

❸ 保持 5 秒，然后放松。

10~12 次为 1 组，完成 3 组。

注意事项

保持脊柱挺直，避免身体前倾。

动作要缓慢且有控制，确保背部肌肉充分发力。

避免耸肩和过度用力，保持动作自然。

第2节 打造直角肩，展现优雅气质

为了拥有优美的肩部线条，打造直角肩的锻炼至关重要。这些科学有效的动作旨在强化肩部及背部的肌肉群，改善肩部姿态，并提升整体的优雅气质。以下是几个基础动作的步骤说明，每个动作都基于解剖学和运动生理学而设计。

1 站立前屈肩上举

通过站立前屈并手臂上举的动作，拉伸肩部前侧肌肉，强化肩部后侧肌肉，改善肩部姿态，帮助塑造挺拔的直角肩。这一动作结合了拉伸与力量训练，促进肩部肌肉的均衡发展，提高肩关节的灵活性和稳定性。

动作步骤

❶ 双腿微微叉开站好，保持上半身挺直，双手自然下垂，掌心相对。

❷ 缓慢地将上半身向前倾斜，与双腿形成约 45 度的夹角，保持背部直立。

在前倾过程中，双手向后相握，手臂伸直上举，保持手掌与地面垂直。保持此姿势约 2 分钟，期间保持深呼吸，感受肩部前侧肌肉的拉伸和肩部后侧肌肉的紧实。确保肩膀放松下沉，不要耸肩。

❸ 慢慢将上半身恢复至直立姿势，双手放回身体两侧。

注意事项

保持肩膀下沉，避免耸肩。

动作要缓慢且有控制，避免用力过猛导致肌肉拉伤。

保持呼吸均匀，不要屏息。

重复 2~3 次，每次保持 2 分钟。

2 肘贴合肩上抬举

通过控制肘部与前臂的紧密贴合，强化肩部三角肌的前束和中束，同时稳定核心肌群，提升肩部的力量和线条美感。这一动作有助于塑造直角肩，改善肩部姿态，展现优雅的气质。

动作步骤

❶ 自然站立，双脚与肩同宽，保持脊柱挺直，双肩放松。

❷ 肘部弯曲，双手握空拳或手指交叉，两只小臂尽量紧贴在一起。

❸ 呼气，收紧核心肌群和肋骨，缓慢抬起双臂，将肘部向上抬高，保持小臂夹紧。在最高点保持 2 秒，感受肩部三角肌的收缩。

❹ 吸气，缓慢将双臂放回起始位置，保持手肘紧贴，避免耸肩。

15~20 次为 1 组，完成 3 组。

注意事项

核心收紧：在整个动作过程中，保持核心肌群收紧，避免身体晃动，确保动作的稳定性。

动作缓慢且有控制：每次抬举和放下动作都应缓慢进行，确保肩部肌肉充分发力，避免借力或快速动作导致受伤。

避免耸肩：在抬举过程中，肩膀应自然下沉，不要上抬或耸肩，以防止不必要的肌肉紧张。

保持呼吸均匀：在抬举时呼气，放下时吸气，保持呼吸的自然和均匀，不要屏息。

3 招财猫交替摆手

通过双手交替摆动，强化肩部肌肉，提升肩关节的灵活性和稳定性，同时锻炼核心肌群。这一动作有助于塑造直角肩，改善肩部姿态，展现优雅的气质。

动作步骤

❶ 自然站立，双脚与肩同宽，膝盖微微弯曲，保持脊柱挺直，双肩放松。

❷ 双手保持成招财猫的准备手势：右手高举，左手低垂。

❸ 吸气，缓慢将双手交替还原到招财猫的准备手势，注意肩膀下沉，不要耸肩。

❹ 呼气，收紧核心肌群和肋骨，缓慢将双手交替向下摆动。

15~20 次为 1 组（左右交替为 1 次），完成 3 组。

注意事项

保持核心收紧：在整个动作过程中，保持核心肌群收紧，避免身体晃动，确保动作的稳定性。

动作缓慢且有控制：每次摆动动作都应缓慢进行，确保肩部肌肉充分发力，避免借力或快速动作导致受伤。

避免耸肩：在摆动过程中，肩膀应自然下沉，不要上抬或耸肩，以防止不必要的肌肉紧张。

第3节 矫正驼背，重获挺拔的身姿

驼背不仅影响外观，还可能导致颈部和背部的不适。通过一系列科学有效的锻炼动作，可以矫正驼背，增强背部和肩膀的肌肉力量，重塑挺拔的身姿。以下是几个基础动作的步骤说明，每个动作都基于解剖学和运动生理学而设计。

1 站立贴墙操

通过背靠墙壁保持正确姿势，强化背部和肩部肌肉，改善脊柱的自然曲线，减少驼背和肩部前倾。同时，培养对正确站姿的意识，减少不良姿势习惯。

动作步骤

❶ 自然站立，背部、臀部和脚后跟靠在墙上，后脑勺也尽量接触墙面。

❷ 收紧腹部，挺胸，肩膀自然下沉，双臂自然下垂。保持这个姿势15~20秒，期间深呼吸，感受身体背部靠近墙壁的感觉。

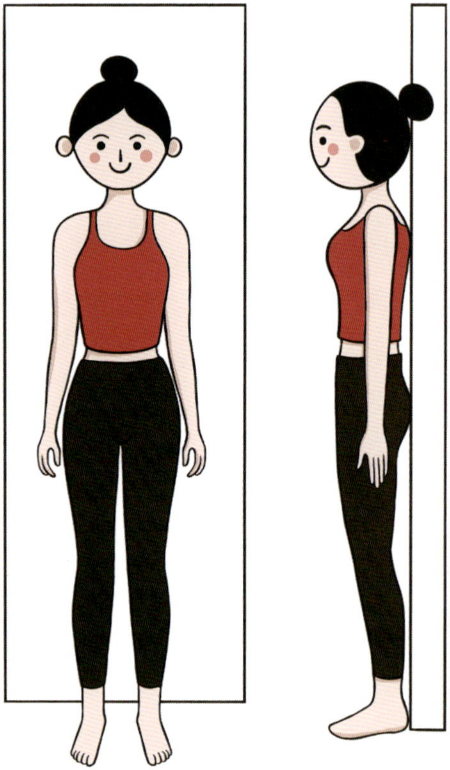

保持姿势15~20秒，重复2~3次。

注意事项

确保整个背部紧贴墙壁，避免腰部下沉。

保持呼吸均匀，不要屏息。

初学者可逐渐延长保持时间，以适应肌肉的强化。

2 墙壁伸展操

利用墙壁进行肩背拉伸，全面拉伸肩膀、背部和胸部肌肉，纠正含胸驼背的问题，改善上半身姿态。

动作步骤

❶ 面向墙壁自然站立，双脚离墙面一脚距离，双手向上举过头，掌心贴在墙上，手臂伸直。

❷ 保持双肩放松下沉，慢慢将胸部靠向墙壁，保持背部挺直，感受胸部和肩膀前侧的拉伸。将身体逐渐向前倾斜，臀部往后推，直到身体与地面呈 90 度角。保持这个姿势 20~30 秒，整个过程中保持呼吸均匀，肩膀下沉，背部挺直，避免含胸和耸肩。

保持姿 20~30 秒，重复 2~3 次。

注意事项

保持背部直立，避免弯曲或驼背。

动作要缓慢且有控制，避免用力过猛导致肌肉拉伤。

保持呼吸自然，不要屏息。

3 反祈祷式

通过反向合十手势，增强背部和肩膀肌肉的力量，促进肩膀向后打开，纠正含胸驼背的不良姿势。

动作步骤

❶ 站立或坐姿，双手从背后反向合十，掌心尽量相贴。

❷ 慢慢将双手向上推，同时保持脊柱挺直，肩胛骨向中间收紧，肩膀下沉。保持这个姿势 20~30 秒，保持呼吸平稳。

重复 3 次，每次动作后要放松一下肩膀。

注意事项

保持核心肌群收紧，避免身体前倾。

动作缓慢且有控制，避免过度拉伸。

保持呼吸均匀，不要屏息。

第4节 纤臂计划，告别蝴蝶袖

纤细紧致的手臂不仅美观，还能提升整体的身体协调性。纤臂计划包含一系列科学有效的动作，旨在强化手臂肌肉，减少脂肪积累，改善手臂线条，告别蝴蝶袖。以下是几个基础动作的步骤说明，每个动作都基于解剖学和运动生理学而设计。

1 双臂画圈

通过肩关节的连续旋转，激活并强化肩部及上臂肌肉，特别是三角肌和肱二头肌，帮助燃烧手臂脂肪，改善手臂线条。

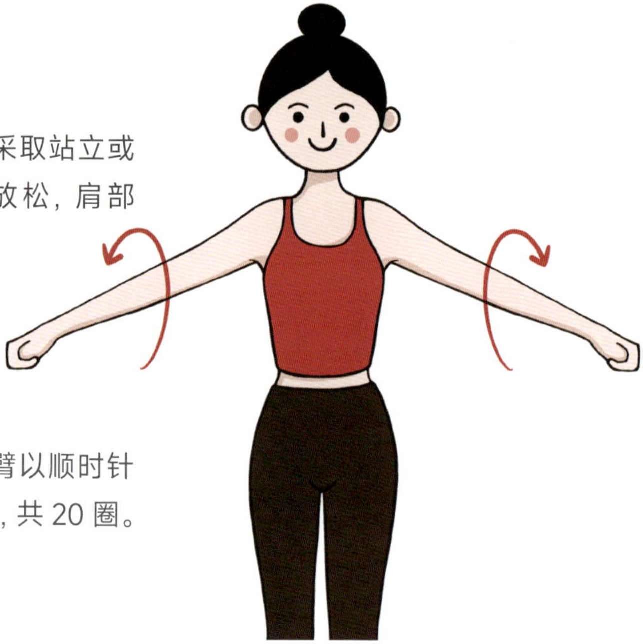

动作步骤

❶ 双腿打开与髋同宽，采取站立或坐姿，背部挺直，肩颈放松，肩部下沉。

❷ 双臂伸直，平举于身体两侧，手掌朝下，保持身体稳定不动。

❸ 以肩关节为轴点，双臂以顺时针方向划圈，先大圈再小圈，共 20 圈。

注意事项

保持动作缓慢且有控制，避免快速摆动导致肩部受伤。

确保肩部下沉放松，颈部放松，避免耸肩或紧张。

呼吸配合：在整个过程中，保持自然呼吸，不要屏气。

2 跪姿俯卧撑

通过手臂和胸部的推举动作，主要锻炼胸肌、肩部和三头肌，同时对核心力量也有一定的锻炼效果。

动作步骤

❶ 双膝跪在瑜伽垫上，双脚悬空，脚踝交叉。手臂撑地，双手与肩同宽或稍宽，手指朝前，身体从头到膝盖呈一条直线。

❷ 下降动作：吸气，弯曲手肘，保持肘关节紧贴身体两侧，慢慢将身体向下放低，直至胸部接近地面。注意身体保持一条直线，避免塌腰或耸肩。

❸ 推起身体：呼气，双手发力，将身体推回至起始位置，手臂伸直但不要锁死手肘。

注意事项

保持核心收紧，避免身体摇摆。

动作要缓慢且有控制，确保手臂肌肉充分发力。

避免用力过猛，以防肩部受伤。

10~15 次为 1 组，完成 3~4 组。

3 椅子反向屈臂撑

利用自身体重作为阻力，针对肱三头肌进行锻炼，帮助增强手臂后侧的力量，减少蝴蝶袖现象。

动作步骤

❶ 找一把稳固的椅子，背对椅子，双手握住椅子边缘，手指朝前，双臂伸直，臀部悬空，膝盖弯曲成 90 度角，双脚平放在地面上，脚尖朝前。保持背部挺直，眼睛向前看，肩膀放松，手臂支撑身体的重量。

❷ 吸气，弯曲肘部，将身体缓慢下降，直到上臂与地面平行，确保肘部指向身后。

❸ 呼气，利用肱三头肌的力量将身体推回起始位置，双臂完全伸直，但不要锁定肘关节。

12~15 次为 1 组，完成 3 组。

注意事项

保持动作缓慢且有控制，避免借力或快速下落。

确保背部始终保持贴近椅子的轨迹，避免身体向前倾斜。

手腕和肘部不要过度施压，以免受伤。

第5节 打造小蛮腰，重塑曼妙身形

拥有纤细的腰部不仅提升自信，还能优化整体身材比例。打造小蛮腰的锻炼包括多个科学有效的动作，旨在强化腹部核心肌群，燃烧腰腹脂肪，塑造紧致的腰部线条，重塑曼妙的身形。以下是几个基础动作的步骤说明，每个动作都基于解剖学和运动生理学而设计。

1 半船式扭转

主要锻炼腹部核心肌群，特别是腹内外斜肌。通过腹部的扭转和伸展，增强核心力量，提升腹部线条的紧实度。

动作步骤

❶ 坐在瑜伽垫上，双腿并拢，膝盖弯曲，双脚离地 5~10 厘米。

❷ 收紧腹部肌肉，保持大腿放松，将上半身微微向后倾斜，约与地面成 45 度角。保持背部挺直，坐骨稳定接触地面，确保动作过程中腰部不下沉。

❸ 缓慢将上半身向右侧扭转，肩膀和手臂保持放松，眼睛看向右侧。

❹ 回到中立位置，缓慢向左侧扭转，完成一次扭转。双手手掌相对，增加动作的稳定性。

❺ 吸气时准备，呼气时扭转身体。

左右各做 10~15 次为 1 组，完成 3 组。

握持辅助物

矿泉水瓶

建议使用500毫升容量的矿泉水瓶。

哑铃

建议选择1千克重的哑铃，根据自身力量选择合适重量。

注意事项

始终保持核心肌群收紧，动作缓慢且有控制。

保持背部挺直，避免腰部下沉。

使用辅助物时，确保重量适中，避免过重导致动作变形或受伤。

2 俯身侧膝提拉

这是一种动态核心锻炼，通过交替侧膝提拉的动作，全面激活腰部、核心肌群和下肢，增强核心力量与柔韧性。该动作还能有效活动髋关节，帮助塑造纤细的腰部线条，并对腰腹部脂肪起到燃烧作用。

动作步骤

❶ 双手平放在地面上，手掌与肩膀对齐，手指朝前，保持双臂伸直。右腿向前弯曲，膝盖靠近胸部，左腿向后伸展，脚尖触地，背部保持平直，核心肌群收紧。

❷ 双腿并拢：将右腿向后收回，与左腿并拢，脚尖撑地，身体呈标准的平板支撑姿势，保持核心肌群紧绷。

❸ 侧膝提拉：吸气，抬起右腿，膝盖弯曲向胸部靠近，感受腰腹部的收缩。然后呼气，慢慢将右腿回到起始位置，恢复平板支撑姿势。

❹ 交替进行：接着抬起左腿，重复相同的动作，将膝盖向胸部靠近，再回到起始位置。

❺ 保持流动：保持两腿交替运动的流畅性，确保动作始终在控制下进行。在每次伸展时，深吸一口气，感受腰部和腹部的拉伸感，确保核心肌群始终处于收缩状态。

每侧做 20 次（双腿交替运动共 40 次）为 1 组，建议进行 3~4 组，确保每组之间有适当的休息时间（30 秒）。

注意事项

保持背部挺直，避免塌腰或弓背，以确保对腰部和核心肌群的有效刺激。

动作要缓慢且有控制，避免突然用力，确保每一次提拉都充分调动核心肌群。

手腕始终保持与肩膀在一条直线上，避免过度压力集中在手腕上，防止受伤。

3 侧卧抬腿

主要锻炼大腿外侧的臀中肌和臀小肌，帮助塑造腿部外侧的线条，提升臀部的紧实度。

动作步骤

❶ 侧卧在瑜伽垫上，头部用手臂支撑，上半身保持直线。下方的手臂自然放在身体前方，保持平衡。

❷ 吸气，缓慢抬起上方的腿，保持腿部笔直。

❸ 呼气，缓慢放下腿回到起始位置，但不完全放松。

注意事项

保持臀部稳定，不要前后晃动。

动作要缓慢且有控制，避免腿部摆动。

专注于臀部外侧肌肉的收缩与放松。

每侧做 15~20 次为 1 组，完成 3 组。

第6节 强化核心肌群，拥有平坦腹部

强健的腹部核心肌群不仅能提升整体力量，还能帮助塑造结实的腹肌。强化腹部核心肌群的锻炼包含多个科学有效的动作，旨在加强腹部肌群，提升核心肌群稳定性，燃烧腹部脂肪，塑造美丽的腹部线条。以下是几个基础动作的步骤说明，每个动作都基于解剖学和运动生理学而设计。

1 平板支撑

这是一个全身性的静态锻炼动作，主要锻炼腹横肌、腹直肌及核心肌群，提升整体的稳定性。

动作步骤

❶ 俯卧，双肘弯曲，前臂平放在地面上，肘部位于肩膀正下方。伸直双腿，脚尖点地，身体从头到脚呈一条直线。

❷ 收紧腹部和臀部肌肉，保持身体稳定，不要塌腰或抬臀。

注意事项

保持背部直线，避免腰部下沉或臀部过高。

均匀呼吸，避免屏息。

初学者可以从较短的时间开始，逐渐增加保持时间。

保持这个姿势 30~60 秒，根据自身情况逐渐延长时间。重复 3 次。

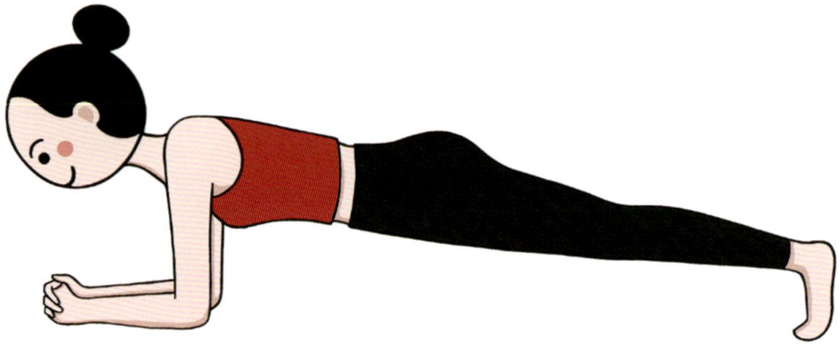

2 侧支撑髋部提升

这是一个针对侧腹部核心肌群的动态锻炼动作，通过侧身支撑与髋部的抬升，有效激活腹斜肌和核心稳定肌，增强侧腹部的力量与稳定性，同时也能提高肩部与腰部的稳定性。

动作步骤

❶ 侧躺在瑜伽垫上，双腿伸直并叠放在一起，右侧手肘支撑在地面上，手肘与肩膀对齐，左手轻放于髋部，右侧髋部着地。

❷ 吸气，收紧核心肌肉，保持背部挺直，准备动作。

❸呼气，利用腹斜肌和核心肌群的力量，将髋部向上抬起，身体呈一条直线，形成标准的侧平板支撑姿势，左手可以垂直举高，指向天花板，保持肩膀、髋部和脚踝在同一平面上。在顶点处停留 2~3 秒，感受腹斜肌和核心肌群的挤压与发力。

❹ 缓慢回到起始位置：吸气，控制髋部慢慢放下，轻轻着地，但不要完全放松，保持核心肌群持续紧张，然后继续下一次抬升动作。

重复练习：每侧进行 10~12 次为 1 组，完成 3 组后换另一侧。

注意事项

在动作过程中，保持头部、脊柱和腿部呈一条直线，避免臀部下沉或过高抬起。

支撑时确保手肘位于肩膀正下方，避免手肘位置过于向前或向后，减少肩关节压力。

动作要缓慢且有控制，感受侧腹部的发力，避免用力过猛。

3 仰卧交替剪刀腿

这是一个针对下腹部肌肉的锻炼动作，通过交替抬腿的运动，有效锻炼腹直肌和腹斜肌，同时激活大腿前侧肌肉群，增强核心力量与稳定性。

动作步骤

❶ 仰卧在瑜伽垫上，双手放于身体两侧或放在臀部下方，以帮助支撑腰部。双腿伸直并抬离地面 15~20 厘米，脚尖绷直，背部贴地，收紧核心。

❷ 吸气，保持上半身放松，核心收紧，左腿保持悬空，右腿慢慢抬高至 45 度角。

❸ 呼气，控制核心力量，将右腿缓慢放下，同时抬起左腿，保持两腿在空中交替，仿佛剪刀一样，重复交替动作。

左右交替完成 20~30 次（每侧），完成 3 组。

注意事项

保持下背部紧贴地面，避免在动作中背部弓起，以防止腰部压力过大。

过程中保持双腿伸直，不要让双脚完全接触地面。

动作要缓慢且有控制，避免借力或快速甩腿，确保腹部肌肉充分发力。

呼吸节奏与动作配合，吸气时抬腿，呼气时放下，保持核心持续紧张。

第7节 塑造修长双腿，打造优雅曲线

修长而有力的双腿不仅能提升整体美感，还能增强身体的运动表现。塑造修长双腿的锻炼包括一系列科学有效的动作，旨在强化腿部肌肉，改善腿部线条，燃烧多余脂肪，打造优雅修长的双腿曲线。以下是几个基础动作的步骤说明，每个动作都基于解剖学和运动生理学而设计。

1 深蹲

这个动作主要锻炼大腿前侧的股四头肌、臀大肌以及大腿后侧的股二头肌，同时激活核心肌群，提升下半身力量和稳定性。

动作步骤

❶ 自然站立，双脚与肩同宽，脚尖微微向外。双手可自然下垂或前伸以保持平衡。

❷ 吸气，缓慢弯曲膝盖和臀部，像坐在椅子上一样下蹲，保持背部挺直。

❸ 呼气，用腿部力量缓慢站起，回到起始位置。

15~20 次为 1 组，完成 3 组。

注意事项

保持膝盖与脚尖同向，避免膝盖内扣。

动作要缓慢且有控制，确保正确姿势。

2 弓箭步

通过前后腿的交替运动，全面锻炼大腿前侧、臀部以及大腿后侧的肌肉，同时提升平衡能力和核心稳定性。

动作步骤

❶ 自然站立，双脚并拢，双手叉腰或自然下垂。

❷ 吸气，迈出一条腿向前，弯曲膝盖，直到前腿大腿与地面平行，后腿膝盖接近地面。保持背部挺直，膝盖不超过脚尖。

❸ 呼气，用前腿力量推回起始位置。

❹ 换另一条腿重复动作。

注意事项

保持核心收紧，避免前倾或后仰。

每次迈步时保持步伐稳定，避免摇摆。

每条腿做 12~15 次为 1 组，完成 3 组。

3 屈膝踢腿

主要锻炼臀大肌和大腿后侧的股二头肌，同时激活核心肌群，提升下半身的力量和稳定性。

动作步骤

❶ 四肢着地，双手与肩同宽，双膝与臀同宽。保持背部平直，核心收紧。

❷ 吸气，缓慢抬起一条腿向上，膝盖弯曲约 90 度角，脚掌向天花板。

❸ 呼气，缓慢降低腿回到起始位置。

❹ 换另一条腿重复这个动作。

注意事项

保持背部平直，避免臀部晃动。

动作缓慢且有控制，确保臀部充分发力。

每条腿做 15~20 次为 1 组，完成 3 组。

第8节 盆底肌修复，重现健康体态

盆底肌群的健康对整体体态和日常生活至关重要。盆底肌修复的锻炼包含多个科学有效的动作，旨在强化盆底肌群，改善盆腔器官的支撑能力，重塑健康体态，提升身体的稳定性。以下是几个基础动作的步骤说明，每个动作都基于解剖学和运动生理学而设计。

1 桥式

通过抬升臀部，激活和强化盆底肌肉，同时锻炼臀大肌和核心肌群，提升下半身力量和稳定性。

动作步骤

❶ 仰卧在瑜伽垫上，双膝弯曲，双脚平放在地面，脚跟靠近臀部。双手放在身体两侧，掌心向下。

❷ 吸气，收紧腹部和盆底肌肉，缓慢抬起臀部，使身体从膝盖到肩膀呈一条直线。在顶点处保持 3~5 秒，同时继续收紧盆底肌肉。

❸ 呼气，缓慢降低臀部回到起始位置。

注意事项

保持核心收紧，避免腰部下沉或抬得过高。

动作要缓慢且稳定，确保臀部和盆底肌肉充分发力。

避免用力过猛，以防腰背受伤。

15~20 次为 1 组，完成 3 组。

2 猫牛式盆底肌激活

这个动作结合了脊柱的柔韧性和盆底肌肉的激活，通过脊柱的弓起与凹陷，促进盆底肌肉的协调运动和放松。

动作步骤

❶ 四肢着地，双手与肩同宽，双膝与臀同宽，背部平直。

❷ 猫式动作：吸气，拱起背部，低头看向肚脐。同时收紧盆底肌肉，保持3秒。

❸ 牛式动作：呼气，缓慢下沉背部，抬头看向天花板。放松盆底肌肉，保持 3 秒。

交替进行猫式和牛式，10~15 次为 1 组，完成 3 组。

注意事项

动作要缓慢且有控制，避免快速转换姿势。

保持均匀呼吸，避免屏气。

专注于盆底肌肉的收缩与放松，不要用力收紧腹部或臀部。

3 蝴蝶式伸展

这个动作结合了内收肌群的拉伸和盆底肌肉的激活，通过伸展和收缩动作，提升盆底肌肉的弹性和力量。

动作步骤

❶ 坐在瑜伽垫上，脚掌相对，双膝向两侧放下，类似蝴蝶翅膀的形状。

❷ 吸气，背部挺直，双手轻握脚踝或脚尖。

❸ 呼气，轻轻将膝盖向地面压下，同时收紧盆底肌肉，保持 2~3 秒。

❹ 吸气，放松盆底肌肉，缓慢抬起膝盖。

15~20 次为 1 组，完成 3 组。

注意事项

保持背部直立，避免弯曲或驼背。

动作要温和，避免用力过猛导致肌肉拉伤。

保持均匀呼吸，避免屏息。

第9节 改善关节问题，减少运动损伤

健康的关节是保持身体灵活性和运动能力的基础。改善关节问题的锻炼包括一系列科学有效的动作，旨在增强关节周围的肌肉，提升关节的稳定性和灵活性，预防运动损伤，促进关节健康。以下是几个基础动作的步骤说明，每个动作都基于解剖学和运动生理学而设计。

1 交叉臂拉伸

这个动作主要通过将一侧手臂向身体另一侧横向拉伸，充分拉伸肩部和上背部的肌肉，有效提高肩关节的灵活性，缓解肩部和肩胛骨周围的紧张感。

动作步骤

❶ 自然站立，双脚与肩同宽，背部挺直，肩膀放松，双臂自然垂放于身体两侧。

❷ 吸气，将右臂伸直并向身体左侧移动，保持与地面平行。

❸ 左臂弯曲，将左前臂放在右上臂的外侧，利用左臂的力量向左轻轻拉动右臂，感受右肩后侧的拉伸感。保持这个姿势 10~15 秒，深呼吸，确保肩部保持放松。

❹ 慢慢放松并恢复到起始位置，然后换另一侧手臂重复相同的动作，确保每次拉伸时动作到位且有控制。

注意事项

保持上身挺直，避免扭曲或前倾，确保动作的有效性。

在拉伸时，肩部不要用力耸起，始终保持放松状态。

动作要缓慢且有控制，感受到适度的拉伸感，而不是疼痛。

每侧各拉伸 3 次为 1 组，完成 2 组。

2 蛙式开合

这是一个针对髋关节的深度拉伸动作，通过将腿部向外张开并拉伸，能够有效地活动髋关节，增强关节的灵活性和柔韧性，特别适合因久坐或缺乏运动而导致髋部僵硬的人群。

动作步骤

❶ 跪趴在瑜伽垫上，双膝打开至与肩同宽或更宽，脚背贴地，脚尖朝外。双臂弯曲，前臂平放于地面，双手掌心相对，保持背部平直，核心收紧。

❷ 吸气，将膝盖向外张开，直到感受到髋部和大腿内侧的拉伸，保持髋关节与膝盖在一条直线上。

❸ 呼气，稍微向后移动臀部，使髋关节获得更深的拉伸，保持 5~10 秒。慢慢地回到起始位置，保持动作的流畅性。

❹ 重复开合动作，确保每次开合都能感受到髋关节的深度拉伸，保持流动性。

注意事项

保持背部平直，避免拱背或塌腰，以确保对髋关节的有效拉伸。

动作过程要缓慢且有控制，避免突然的拉伸导致关节损伤。

如果感到髋关节或膝盖不适，及时调整动作幅度或停止练习。

30 秒为 1 组，重复 3 组，组间休息 30 秒。

3 单腿硬拉

通过单腿支撑，强化下背部、臀部和腿部肌肉，提升平衡能力和关节稳定性，预防运动中的跌倒和扭伤。

动作步骤

❶ 自然站立，双脚与肩同宽。可以握住轻重量的哑铃或无负重。

注意事项

保持背部直立，避免弓背或驼背。

动作要缓慢且有控制，避免腿部摆动。

初学者可先不使用重量，熟练后逐步增加负重。

❷ 吸气，缓慢抬起一条腿向后，同时上半身前倾，保持背部直立，手臂自然下垂或向前伸展以保持平衡。呼气，缓慢恢复站立姿势，腿部控制下降速度。

每侧做 10~12 次为 1 组，完成 3 组。

FACIAL MUSCLE TRAINING

第六章

身心健康与美丽指南

第1节 吃出年轻美丽：健康饮食大作战

现代社会的快节奏和高压力，让我们常常忽略了饮食的重要性。然而，科学研究表明，合理的饮食不仅能增强身体健康，还能延缓衰老，维持面部肌肉的紧致和皮肤的光泽。为了在面部肌肉训练中获得更好的效果，饮食作为日常生活中不可或缺的一部分，成为支撑我们抗衰老的重要一环。本节我们将探讨如何通过健康饮食来促进年轻美丽，并介绍一些关键的营养成分，帮助大家轻松“吃”出年轻感。

1 蛋白质：肌肉修复和增长的关键

重要角色： 在面部肌肉力量训练中，蛋白质扮演着至关重要的角色。

肌肉修复： 蛋白质是肌肉组织的主要组成部分，帮助修复受损的肌肉纤维，促进新的肌肉生成。

增长恢复效果： 当我们进行面部肌肉训练时，蛋白质的摄入直接影响肌肉的恢复速度和增长效果。

保持面部紧致： 因此，富含蛋白质的饮食对于保持面部的紧致与活力非常重要。

富含蛋白质的食物推荐

鱼类（如三文鱼、金枪鱼等）、禽肉（如鸡肉、鸭肉等）、豆类（如扁豆、鹰嘴豆等）、畜肉类（瘦一些的牛肉、羊肉、猪肉等）以及蛋类都是优质的蛋白质来源。这些食物不仅提供肌肉所需的蛋白质，还含有丰富的氨基酸，有助于修复细胞损伤，提升肌肉弹性。

2 抗氧化食物：抵抗自由基，保持年轻状态

自由基是导致衰老的元凶之一，它们会破坏皮肤中的胶原蛋白和弹性纤维，导致皮肤松弛、细纹增多。

抗氧化食物的作用

抗氧化剂能够中和自由基，防止它们对皮肤造成损伤，从而保持皮肤年轻紧致。通过日常饮食摄入抗氧化食物，可以为皮肤提供额外的保护。

抗氧化食物推荐

富含抗氧化剂的食物包括莓果(如蓝莓、草莓)、绿茶、胡萝卜、甜椒以及菠菜等深绿色蔬菜。这些食物能有效增强皮肤的自我修复能力，减少外界环境对皮肤的损害，延缓皮肤的衰老进程。

3 健康脂肪：支持皮肤弹性与健康

健康脂肪是维持皮肤弹性的重要元素之一，尤其是多不饱和脂肪酸如Omega-3，它们不仅能够保持皮肤的水分屏障，还能促进皮肤的自我修复。

健康脂肪的作用

健康脂肪还能帮助脂溶性维生素（如维生素 A、维生素 D、维生素 E 和维生素 K）的吸收，这些维生素对维持皮肤的光滑和弹性至关重要。

健康脂肪食物推荐

橄榄油、鳄梨、坚果（如杏仁、核桃等）以及种子（如亚麻籽、奇亚籽等）是富含健康脂肪的食物。每天摄入适量的健康脂肪食物，可以有效增强皮肤的柔韧性、保持水分，预防皮肤干燥、起皱等问题。

4 维生素和微量元素：内外兼修的美丽法宝

维生素和微量元素是维持皮肤和面部肌肉健康的必需营养元素。尤其是维生素 C、维生素 E 以及一些微量元素如锌和硒，对肌肉修复、皮肤抗衰老等起着重要作用。

维生素 C

维生素 C 是一种强大的抗氧化剂，能够促进胶原蛋白的生成，帮助保持皮肤的弹性和紧致。富含维生素 C 的食物包括柑橘类水果、草莓、番茄和绿叶蔬菜等。经常摄入这些食物可以帮助减少细纹、淡化色斑，增强皮肤的防御能力。

维生素 E

维生素 E 能够保护细胞膜，减少紫外线对皮肤的伤害，延缓皮肤的老化进程。坚果、种子以及植物油都是维生素 E 的良好来源。适量摄入维生素 E 有助于提高皮肤的自我修复能力，防止过早出现老化痕迹。

锌和硒

这两种微量元素对皮肤和头发的健康同样重要。锌能够促进皮肤的修复与更新，有助于减少痘痘、炎症等皮肤问题；硒则可以保护皮肤免受环境污染和紫外线的伤害，减少自由基的侵害。富含锌的食物有贝类、南瓜籽等，而硒则广泛存在于蘑菇、大蒜等食物中。

5 功效卓越的成分推荐

除了天然食物中的营养成分外，还有一些可以通过膳食补充剂或特定食物获取的成分，因其显著的抗衰老和修复效果而备受关注。

谷胱甘肽

谷胱甘肽是人体内一种强大的抗氧化剂，能够有效清除自由基，帮助身体排毒，减少色素沉积和斑点的形成。我们既可以通过口服补充剂摄取，也可以从十字花科蔬菜（如西兰花、卷心菜等）中获取。补充谷胱甘肽能够提亮肤色，保持肌肤的光滑与弹性。

虾青素

虾青素是一种来源于藻类的天然抗氧化剂，其抗氧化能力远超维生素 C 和维生素 E。虾青素能够有效改善皮肤的水分和弹性，减少细纹和皱纹的出现。除了以补充剂的形式存在，虾青素也存在于某些鱼类和海产品中，能够通过饮食摄入。

麦角硫因

麦角硫因是一种天然的抗氧化成分，能够保护细胞免受氧化压力的损害，维持肌肤的健康与光泽。它主要存在于蘑菇中，是一种极具潜力的抗衰老成分。

胶原蛋白肽

胶原蛋白是皮肤保持紧致和弹性的关键物质。随着年龄增长，体内胶原蛋白的生成减少，导致皮肤松弛、细纹增多。补充胶原蛋白肽有助于促进皮肤中胶原蛋白的合成，增强皮肤的弹性与紧致感。我们可以通过服用补充剂或食用富含胶原蛋白的食物如猪皮、鱼皮等来摄取。

6 健康饮食习惯建议

除了选择健康的食物，良好的饮食习惯同样重要。定时进食、避免过量摄入糖分和高脂食物、保证充足的水分摄入，都是维持皮肤和身体健康的基础。此外，慢食细嚼、科学断食等习惯有助于消化吸收，减少体内炎症和老化迹象的出现。

通过了解并掌握这些与面部肌肉训练相关的饮食原则，结合健康的饮食习惯和关键成分的补充，我们可以在日常生活中有效延缓衰老，保持年轻和美丽。合理的营养摄取不仅能帮助肌肉修复和增长，还能为肌肤提供源源不断的养分，保持它的光泽与弹性。通过健康饮食与面部肌肉训练的双重加持，我们不仅可以拥有健康的身体，还能让面容更加紧致、年轻有活力。

第2节 美丽生活习惯：内外兼修的秘诀

美丽不仅仅依靠护肤品和面部肌肉训练，真正持久的美丽需要从内到外的调养与呵护。而这一切，往往从我们的生活习惯开始。通过建立健康的生活方式，不仅可以增强面部肌肉训练的效果，还能从整体上提升身体健康与美丽。本节将带你了解如何通过一些简单且可行的生活习惯，帮助你实现内外兼修的健康美丽。

1 睡眠：修复与焕新的关键

夜间是身体和皮肤修复的重要时间段，尤其是在我们进行面部肌肉训练后，身体需要充足的休息来修复受过训练的肌肉，同时修复白天受损的皮肤细胞。因此，确保良好的睡眠习惯是保持美丽的首要步骤。

固定的睡眠时间

无论工作多忙，都要尽量保持规律的作息时间。理想的情况是每天在同一时间上床睡觉，并保证 7~9 小时的充足睡眠。这样有助于身体的生物钟调整到最佳状态，确保皮肤和身体都能获得足够的修复时间。

避免睡前使用电子设备

手机、电脑等电子设备发出的蓝光会干扰褪黑激素的分泌，使我们难以入睡。因此，建议在睡前 1 小时内关闭这些设备，让大脑和身体逐渐进入放松状态，迎接一夜好眠。

调整睡眠姿势

为了减少脸部因长期压迫而产生的皱纹，可以尝试侧睡或仰睡，避免脸部直接压在枕头上。选择丝绸材质的枕套也是一个很好的选择，可以减少与皮肤的摩擦。

2 日常护肤：基础但必不可少

日常护肤是维持健康皮肤的重要步骤，它与面部肌肉训练相辅相成。面部肌肉的强健和皮肤的紧致度密不可分，因此保持健康的护肤习惯有助于提升训练效果。

清洁

每天早晚清洁面部，尤其是在完成面部肌肉训练后，彻底清洁皮肤可以清除多余的皮脂和汗水，防止毛孔堵塞，避免引发皮肤问题。使用温和的洁面产品，不要过度摩擦皮肤。

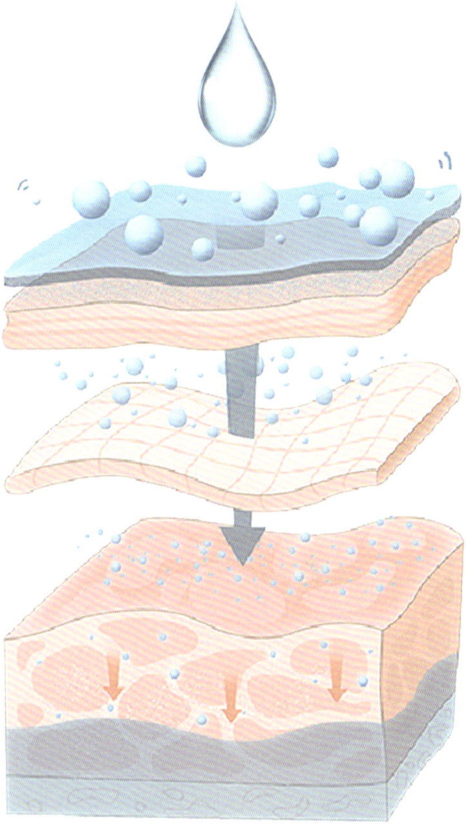

保湿

无论什么季节，皮肤的保湿工作都不能忽视。充足的水分能保持皮肤的弹性，避免干燥带来的细纹和暗沉。可以选择富含透明质酸、甘油等成分的保湿产品，在锁水的同时增强皮肤屏障。

防晒

紫外线是皮肤老化的最大敌人，防晒是一年四季都必不可少的步骤。即使在阴天，紫外线也能穿透云层，对皮肤造成损伤。因此，出门前一定要涂抹 SPF30 或更高防晒等级的防晒霜，避免紫外线对皮肤的伤害。

3 心理健康与美丽的密切关联

皮肤和整体健康不仅受外界因素的影响，内在的心理状态同样起着至关重要的作用。长期的压力、焦虑等负面情绪会导致体内皮质醇水平升高，从而引发皮肤问题，如痤疮、黑眼圈、皮肤暗沉等。保持心理健康不仅有助于身体健康，还能让皮肤看起来更加年轻和光彩照人。

冥想与深呼吸

冥想和深呼吸练习是缓解压力的有效方法。每天抽出 10~15 分钟，闭上眼睛，专注于呼吸，可帮助大脑放松，缓解紧张的情绪。长期坚持冥想，不仅有助于情绪平衡，还能改善睡眠质量，进而间接促进皮肤的修复和再生。

建立积极的心态

正念和积极思考有助于心理健康的提升，进而影响到外在美。面对压力时，不妨用积极的方式去看待问题，寻找解决方案而不是一味焦虑。积极的心态能够减少身体对压力的负面反应，让我们从容地面对生活中的挑战。

4 运动与身体健康：促进血液循环，改善皮肤状态

运动不仅有助于身体健康，还能通过促进血液循环，让肌肤看起来更加光泽和健康。通过运动，身体的代谢功能得到改善，血液中的氧气和养分能够更好地输送到皮肤和面部肌肉中，加速细胞的修复和更新。

步行

每天坚持 30 分钟的步行有助于保持血液流通，帮助体内排毒。同时，步行还能促进脸部微循环，令肌肤红润有光泽。

瑜伽

瑜伽是缓解身体和心理压力的极佳方式。通过特定的拉伸动作，瑜伽可以改善肌肉的紧张状态，增强身体的灵活性，还能平衡内分泌，帮助皮肤保持健康的光泽。

中等强度的力量训练

每周进行 2~3 次中等强度的力量训练，能够帮助我们维持肌肉的紧致度。锻炼面部肌肉的同时，也别忘了锻炼身体其他部分的肌肉。通过全身性的力量训练，不仅可以改善体态，还能让全身肌肉更协调，促进代谢，提升整体健康。

5 日常饮食习惯与生活方式的影响

通过建立健康的生活习惯，我们不仅可以从外在提升面部肌肉训练的效果，还能够从内在改善整体健康和美丽。睡眠、日常护肤、心理健康、运动与饮食，每一个环节都密切相关，共同作用于我们的身体和面部。只要在生活中多一些自律和坚持，这些习惯将成为我们年轻美丽的强大支持，帮助我们实现内外兼修的美丽。

多喝水

保持体内的水分充足是保持皮肤健康和光泽的关键。每天至少饮用1500毫升水，帮助排出体内毒素，促进身体代谢，减少皮肤干燥和暗沉。

减少糖分和加工食品的摄入

高糖分的食物和加工食品不仅对健康不利，还会加速皮肤的老化过程。过多的糖分会破坏体内的胶原蛋白，导致皮肤松弛、失去弹性。

补充抗氧化食物

如富含维生素C的柑橘类水果、富含Omega-3的坚果和鱼类等食物，都可以帮助皮肤抗氧化，减少自由基的侵害，保持皮肤的紧致和弹性。

第3节 做好情绪管理，就是在抗衰老

在我们的生活中，面部肌肉训练和健康饮食固然是保持年轻和紧致面容的重要手段，但常被忽略的一点是情绪的力量。情绪不仅影响我们内心的健康，还深刻作用于外在的肌肤和面部表情。美丽，不仅仅是外在的修饰，更是由内而外的平衡。良好的情绪管理可以有效减缓衰老的进程，使我们的肌肤焕发健康的光彩。

1 压力的印记：内在情绪的外在表露

科学研究表明，长期处于压力中的人，面部衰老的速度明显更快。这是因为在压力下，我们的身体会产生一种叫皮质醇的压力激素。皮质醇的分泌会导致皮肤血液循环不畅，进而减少胶原蛋白的生成，影响皮肤的修复与再生。这样一来，皮肤变得更加脆弱，容易形成皱纹，特别是在额头、眉间和眼周等部位。

压力不仅影响内分泌系统，还会直接作用于面部肌肉。例如，当我们感到焦虑或紧张时，常常会不自觉地皱眉、紧抿嘴唇，甚至时常咬紧牙关。这些细微的表情动作，如果反复出现并持续较长时间，就会导致面部肌肉持续收缩，进而产生较深的皱纹。眉间的“川”字纹、额头的横纹以及眼周的“鱼尾纹”，很多都是由于长期的压力和面部肌肉紧张所导致的。

2 情绪与表情：情绪如何影响你的容颜

你是否注意过，当我们感到开心时，面部肌肉会自然放松，笑容从嘴角蔓延至眼角，整个面部充满了活力和光彩；而当我们感到沮丧或疲惫时，嘴角下垂，双眼无神，整个人看起来更加苍老和倦怠？情绪会通过面部表情直观地反映出来。

每一次情绪的波动，都会通过面部表情表现出来，而这与面部肌肉的运动密不可分。当我们常处于负面情绪中时，面部某些特定肌肉会过度收缩，导致皱纹的加深。长期抑郁和焦虑的人，往往会出现较为明显的额头纹和皱眉纹。而那些心态轻松、经常微笑的人，不仅面部表情更加自然，也更容易保持年轻的面容。

第4节 情绪管理策略：内在平衡成就外在美丽

如何在生活中做到情绪管理，从而延缓衰老的过程呢？这不仅仅关乎心理健康，还与我们的面部肌肉和皮肤息息相关。本节介绍的几种方法可以帮助我们更好地管理情绪，进而保持面部的年轻态。

1 正念冥想

这是一种被广泛认可的减压方法。通过关注当下，学习不评判地接纳自己的情绪，可以帮助我们在面对压力时，保持冷静的心态。每日进行几分钟的冥想练习，能够有效减少焦虑情绪，并促进身体内皮质醇水平的降低，从而减轻对皮肤的损害。

2 呼吸练习

当我们感到压力或情绪低落时，简单的深呼吸练习能够快速恢复平静。通过腹式呼吸，将注意力集中在呼吸上，能够放松面部的紧张肌肉，减少不必要的表情动作，帮助肌肤保持放松状态。每天安排几次深呼吸练习，不仅可以调节情绪，还能够帮助面部肌肉放松，缓解压力带来的负面影响。

3 规律运动

运动不仅能促进身体健康，还能帮助我们释放压力。适度的有氧运动，如瑜伽、跑步、游泳等，可以有效地释放体内堆积的压力激素，提升心情的愉悦感。同时，运动能够加快血液循环，增加皮肤细胞的氧气供应，从而促进胶原蛋白的生成，延缓皮肤的衰老。

4 培养愉悦感的日常习惯

在日常生活中培养一些能够让自己感到愉悦的小习惯，如读书、绘画、烘焙，或是和朋友聊天、散步等，能够有效释放负面情绪，保持愉快的心情。良好的情绪能够让面部肌肉自然放松，减少表情纹的生成，从而保持面容的年轻态。

5 心态的力量：从内到外焕发青春

情绪的管理不仅关乎心理健康，它也是保持面部肌肉健康、延缓衰老的关键因素。当我们学会管理情绪、保持内在的平衡与稳定时，面部肌肉会自然放松，面容也会变得更加柔和紧致。那些拥有积极心态和稳定情绪的人，通常看起来比同龄人更加年轻。这是因为良好的心态不仅能帮助我们减少不必要的面部紧张，还能提高皮肤的自我修复能力，保持肌肤的光滑与弹性。

正如我们锻炼身体肌肉一样，情绪的管理也需要持续的练习和调整。通过养成良好的情绪管理习惯，我们可以从内而外地提升自信心和面部美感，延缓衰老的进程。面部肌肉训练固然能帮助我们提升面部紧致度，但心灵的平静与美丽同样不可忽视。